茨木市の七〇年

茨木市街（平成20年頃・提供＝茨木市）

平成30年は市制施行70周年

はじめに

茨木市の市制施行70周年にあたり、それを記念し、祝い、その歩みを思い起こす写真集をお届けいたします。口絵のカラーページには現在の茨木の写真を、9章に分かれた本体部分には、いまでは懐かしいかつての茨木の姿を配しました。

「懐かしい」という観点からはおもに昭和期の写真を収録し、歴史の流れを示すものとして、一部市制施行以前の写真も掲載しています。

改元を来年・平成31年に控え、茨木の来し方行く末に、思いを馳せていただくよすがとなれば幸いです。平成が懐かしいものになった時、茨木はどんな場所になっているだろうと思いながら…。

【カラー口絵撮影】提供表示写真以外
フォトディレクター：鳥居史郎
チーフフォトグラファー：中濱正善
フォトグラファー：松本富夫、濱口昇

扉写真＝若園公園のバラ。バラは市花である。（真砂～若園町）

JR茨木駅西側、エキスポロードを望む

戦災に遭わなかった茨木市の中心市街は、大阪万博開催に合わせた都市改造により、大きくその姿を変えた。万博会場への道と、JRと阪急の駅前再開発が、この改造の柱であった。エキスポロードの正式名称は「都市計画街路茨木駅前線」である。(西駅前町)

市街交通

このセクションには、JR茨木駅から阪急茨木市駅に到る、現在の茨木の中心市街と、おもな鉄道・道路に関する写真を掲載している。
構成上、まずJR茨木駅西側のエキスポロードとバスターミナルからスタートし、JR茨木駅を経由して市役所付近を通り、阪急本通商店街から阪急茨木市駅へと、中心市街をたどっていった。他のJR・阪急駅については、関連箇所に適宜収めた。
続いて大阪モノレール沿線の写真を掲載し、道路としては国道171号と、名神と新名神というふたつの高速道路を取り上げた。

JR茨木駅東口 スカイパレット

「最も新しい茨木」というと、ここと、下段写真のJR総持寺駅になるだろうか。平成27年に始まったJR茨木駅のリニューアル工事は、今年・同30年4月に完了した。（駅前）

JR総持寺駅

今年・平成30年3月に開いたばかりの新しい駅。線路土手の上にはホームのみあり、他の駅施設は土手の中に収まる。ホームには可動式のホーム柵が設置されている。（庄）

茨木市役所

昭和23年1月1日より市制を施行した茨木市は、当初庁舎を元茨木町役場に置いた。議場のスペースがなく、市議会は茨木小学校裁縫室で開催。同25年1月になって新市庁舎が開庁した。その後同43年に、写真左の現行市庁舎（本館）が竣工した。（駅前）

男女共生センター ローズWAM

平成12年に開設されたローズWAMは、市の男女共生センター。曲面が印象的な建物の内部はホールや会議室などからなる。施設の活動として、女性、男性に分けた生活相談なども行っている。（元町）

ハローワーク茨木

市ではなく国の施設。茨木市役所の南に建ち、旧茨木川右岸側の官庁街の一画をなす。ガラス壁面にフレームでアクセントをつけたデザインが美しい。（東中条町）

阪急本通商店街

旧茨木川東から阪急茨木市駅手前まで東西に通る商店街。大阪万博により現在の中央通りが整備されるまでは、この通りをバスや一般車両が通っていた。頭上のアーケードと足元のタイルはそれ以後のことである。(別院町)

阪急茨木市駅

昭和3年に茨木町駅として開業した茨木市駅は、昭和63年から平成4年にかけて高架化された。その間、平成3年に、駅ビル内のショッピングモール・ロサヴィアが開業している。（永代町）

阪急総持寺駅

阪急総持寺駅は同茨木市駅に8年遅れ、昭和11年に総持寺前駅の名で開業した。周辺の住宅開発とセットである。昭和23年、市制施行の年に、茨木市駅とともに改名している。（総持寺駅前町）

大阪モノレール・阪急 **南茨木駅南側**

阪急南茨木駅ビルの右手を、大阪モノレールの車両が通過する。大阪万博会場への交通ルートとして昭和45年に阪急駅が開業し、平成2年に大阪モノレール駅が開業して接続駅となった。駅前には現代美術作家・ヤノベケンジ氏の作品「サン・チャイルド」が立つ。(沢良宜西〜宇野辺)

大阪モノレール彩都西駅付近

写真の右外にある駅から、列車が出ていった。写真手前側は茨木市、正面のマンション群から向こうは箕面市。彩都西駅は平成19年に営業を開始した。(彩都あさぎ〜彩都やまぶき)

電柱のない彩都の通り

彩都バイオインキュベータ南側。彩都の住宅街は電線・電話線を地下に埋込んでおり、空がスッキリと見える。彩都の正式名称は国際文化公園都市である。(彩都あさぎ)

国道 171 号

京都から（大阪を経ずに）西宮を経由して西方に通じる道には、古代以来山陽道があり、近世には西国街道と呼ばれた。国道171号はいわばその後継である。茨木市内の国道171号の整備は、昭和40年前後に行われた。(東太田～三島丘)

名神高速道路茨木 IC

昭和38年、名神高速道路の栗東～尼崎IC間が開通。茨木ICは同時に開業した。国道171号の茨木ICより東側は、高速道路建設に並行して整備されていった。(上穂積)

新名神高速道路

新名神高速道路の高槻～川西IC間は、昨年・平成29年の年末に開業した。現在は4車線だが、将来的には6車線への車線増を予定。千提寺ICは彩都東部地区北端にあたり、新名神開通による企業参入が期待されている。(千提寺)

郡山宿本陣
西国街道郡山宿の本陣だった建物。昭和23年に国の史跡に指定され、平成13年から一般公開されるようになった（5名以上・要予約）。御成門脇の椿の木にちなみ、椿の本陣とも呼ばれている。
（宿河原）

歴史
自然

このセクションには、茨木の歴史と自然についての写真を掲載している。
最初に歴史部門として、左ページの郡山宿本陣に続き、茨木神社や茨木別院など社寺やその行事の写真を掲載した。続いて川端康成文学館やキリシタン遺物史料館などのミュージアムを紹介し、文化財資料館と収蔵品を繋ぎとして、市内の古墳と磨崖仏に触れている。
続く自然部門では、まず竜王山と安威川という、山と川を掲げた。続いて、身近で自然に触れられる場所として、二つの公園と、元茨木川緑地を挙げている。

茨木神社

平安時代最初期・807年に坂上田村麻呂が荊切の里を作り、その際現在の奥宮を創建したと伝わる。「荊切の里」が、茨木という地名の由来だとも。同社は長く茨木村、中条村の氏神だった。現在も、十日戎や夏祭りなどで、市民にもっとも知られている神社といっていいだろう。(元町)

茨木城復元櫓門

茨木城は建武年間（1334〜1336）に楠正成が築いたと伝わる。本丸は茨木小学校のあたりにあったとされ、同校正門横に城の櫓門の複製が建てられている。（片桐町）

茨木別院

江戸時代最初期・1603年に東本願寺の法主・教如が建立。教如は石山本願寺で織田信長と闘い、本願寺教団が東西に分裂した際に真宗大谷派（東本願寺）を興した人物である。現在の本堂は天保期・1836年頃に完成。境内に認定こども園いばらき大谷学園を併設する。（別院町）

総持寺の山蔭流包丁式

西国二十二番札所・総持寺は、高野山真言宗の寺。開祖・藤原山蔭は包丁道の祖とされる。毎年4月15日から21日にかけて本尊・千手観音立像の扉を開き、その間の18日には山蔭流包丁式が行われる。(総持寺)

阿爲神社の蹴鞠

阿爲神社は平成17年に本殿を新築し、その落慶記念行事として蹴鞠が奉納された。以後毎年11月、京都から蹴鞠保存会の人たちを招き、新嘗祭に合わせて蹴鞠を行っている。（安威）

大門寺の紅葉

大門寺は真言宗御室派の寺。秋の紅葉の素晴らしさで知られる。本尊の如意輪観音坐像は国の重要文化財。秘仏であり、公開はされていない。（大門寺）

川端康成文学館

幼少期から旧制中学校を卒業するまでを茨木で暮らした、ノーベル文学賞作家・川端康成の記念館。関係資料や、再現された鎌倉の書斎などを展示している。(上中条)

富士正晴記念館

安威に住んだ詩人・小説家の富士正晴が生前に集めた文学資料や、富士自身の手になる絵画などを収蔵、展示。館は中央図書館に併設されている。(畑田町)

キリシタン遺物史料館

キリシタン大名・高山右近の領地だった千提寺や下音羽で発見された、隠れキリシタンの遺物やパネルを展示。下の写真の「マリア十五玄義図」は、聖母マリアとキリストの生涯を描いたもので、府の指定文化財。(大字千提寺・玄義図写真提供＝茨木市)

文化財資料館の考古学資料

左の銅鏡は「平縁半肉刻四獣鏡」、上の土器は「人面付土器」。いずれも市指定文化財（文化財資料館蔵）。下の写真の銅鐸の鋳型は、国内唯一、完全な形で残っているものであり、国の重要文化財に指定されている。（文化庁蔵）（提供＝茨木市）

文化財資料館

市の考古資料や古文書、民俗資料などを収集、展示。2階では戦国時代にスポットライトを当てている。館のある東奈良は右の写真の銅鐸の鋳型が出土した土地で、弥生時代には当時の大集落があった。（東奈良）

太田茶臼山古墳

全長226mもある、巨大な前方後円墳。宮内庁は継体天皇陵とする。出土した円筒埴輪から5世紀半ばの築造とされる。（太田・提供＝茨木市）

耳原古墳

直径20mほどの円墳で、太田茶臼山古墳に比べると小さいが、巨石を使った横穴式石室があり、6世紀末の築造と思われる。内部には石棺が二つある。（耳原）

天正二年銘磨崖仏

上音羽の旧道沿いの、幅6m以上ある大岩に、30体以上の仏像が刻まれている。表現は素朴で、民間の信仰によるもの。「天正二年」（1574年）と銘がある。（上音羽）

竜王山と棚田

彩都の大規模開発などもあり、市北部も宅地化が進んでいる茨木だが、まだまだ農地も多い。奥に見える竜王山は、市北部のランドマーク。東海自然歩道が通じている。(佐保)

安威川と安威川ダム

市を縦断する安威川は、幾たびもの水害をもたらしてもきたが、市域を潤す水源でもあった。治水と用水のためにダムを造ろうというのは、発想としては当然なところがある。反対もあり建設は長期化していたが、ダムは次の元号の4年（2022年）に完成が予定されている。（上＝宮島、右＝生保）

若園公園バラ園

市花であるバラが約 150 品種、2300 株ほども植えられた庭園風の公園は、春と秋、それぞれに 3 週間ほども見頃の時期があり、香りも楽しめる。ちなみに、茨木の市木はカシである。（真砂〜若園町）

西河原公園

従来あった木々や用水路など活かして、自然に触れられるように作られた公園。昭和 58 年から水路を使ったゲンジボタルの保護に取り組んでおり、毎年夏にはホタルの飛翔が見られる。下の写真にはホタルの飛行跡が写る。
（西河原・提供＝茨木市）

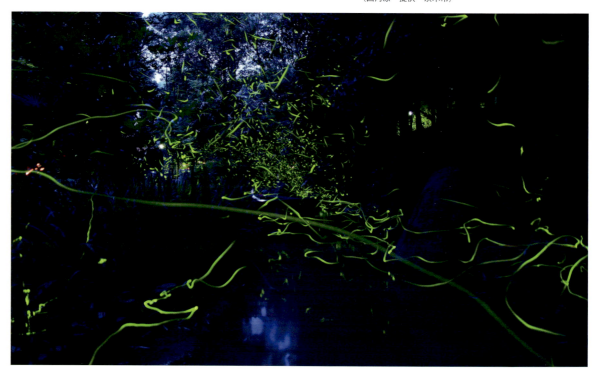

元茨木川緑地

昭和16年に茨木川の付替えがあり、昭和24年に付替え箇所以南は廃川となった。放置されていた旧茨木川は昭和50年代中期に埋め均され、全長約5kmの緑地へと変貌した。緑地沿いの、高橋からモノレール沢良宜駅南までの道路は、昭和61年に桜通りと名づけられている。(上中条)

IBARAKI Wonderful Time
茨木青年会議所が中央公園で行う市民ふれあいイベント。昼間はフリーマーケットが開かれ、暗くなってからは写真のように、スカイランタン（小電灯入紙風船）をいっせいに飛ばす。（駅前）

催事
学問

このセクションでは市内で行われるイベントと、学問の場として大学を取り上げた。市の「文化の現在」を表す部分といっていいだろう。イベントとしては、その写真の美しさから、IBARAKI Wonderful Time のスカイランタンや茨木辯天の花火など、夜間の光のイベントを選び、茨木フェスティバルと麦音フェストという二つの祭典を加えている。
大学は、市内の大学を五つすべて掲載した。立命館大学はまだ茨木に来たばかりであり、追手門学院大学は間もなく新キャンパスを開く。茨木は、文教都市としての側面を強めつつある。

茨木辯天、夏祭の花火

茨木辯天・冥應寺では、夏祭祭典に合わせ、毎年花火を上げる。昭和31年、当時の丸善石油社長が花火大会を奉納したのが始まりで、以後、夏の風物詩として広く市民に親しまれている。(西穂積町)

茨木フェスティバル

昭和48年から続く、茨木の夏の祭典。中央公園グラウンドをメインに、市内各所で、年により異なるさまざまな催事が行われる。（茨木市内各所）

麦音フェスト

麦音フェストでは日本各地の地ビールと、生のロック音楽が楽しめる。入場無料。平成24年から毎年行われ、今年・平成30年も9月23～24日に、中央公園南グラウンドでの開催が予定されている。（駅前）

いばらき光の回廊

夏の茨木フェスティバルに対する、冬のフェスティバル。各種団体が思い思いのイルミネーションツリー（灯りを飾ったクリスマスツリー）を、市内各所で展示する。（茨木市内各所）

立命館大学

岩倉町の立命館大学大阪いばらきキャンパスは、平成20年に閉鎖されたサッポロビール大阪工場跡に、平成27年に開設された。3学部約6000人の学生が学び、市民も利用可能なホールや図書館を備える。（岩倉町）

追手門学院大学

昭和41年、学院創立80周年を記念して西安威に創設された。当初は経済、文学の2学部で、現在は6学部を持つ。創立130周年事業として、来春（新元号元年）、太田東芝町に新キャンパスを開設する。
（西安威・提供＝追手門学院大学）

梅花女子大学

明治11年創設の梅花女学校の流れを汲む、キリスト教系の女子大学。昭和39年、宿久庄の地に開学した。当初文学部のみでスタートし、現在は6学部まで増やしている。（宿久庄）

藍野大学

医療系4学部の4年制大学に、短期大学部を併設。高田町にある藍野病院の付属准看護師養成校を出発点に、医療技術専門学校を経て、短大、大学へと展開されてきた。大学開校は平成16年である。（東太田）

大阪行岡医療大学

昭和7年開設の大阪接骨学校を母体に、病院や看護婦学校へと展開されてきた。茨木には平成5年、行岡リハビリテーション専門学校が転入。平成24年に大阪行岡医療大学が開校した。（総持寺）

茨木市の七〇年

監修＝谷川 進（茨木市文化財愛護会会長）

目次

第1章◆景観Ⅰ 拡大する中心市街 ……………… 34
第2章◆景観Ⅱ 田園の変貌 ……………………… 58
第3章◆景観Ⅲ 川と池と山と …………………… 94
第4章◆時事Ⅰ 戦争と水害を越えて …………… 128
第5章◆時事Ⅱ 出来事の記憶 …………………… 152
第6章◆交通と経済 鉄路・道路・産業 ………… 176
第7章◆民俗Ⅰ 社寺と祭り ……………………… 214
第8章◆民俗Ⅱ 子どもの領分 …………………… 238
第9章◆教育 思い出の学び舎 …………………… 264

交通 …………………………………………………… 296
市域の変遷 …………………………………………… 297
略年表 ………………………………………………… 298
監修・執筆者／写真取材を終えて ………………… 302
協力者および資料提供者／おもな参考文献 ……… 303

凡例

1、本書は、茨木市の主に昭和、平成時代の写真を、テーマごとに分類して収録した。
2、本書に掲載した説明文には、原則として末尾に現在の地区名、写真撮影年代と写真提供者名を表記した。
3、名称や地名は、一般的な呼称や略称を使用し、現在使用されていない名称や地名に適宜「旧」と表記した場合がある。
4、本書の市町村表記は、平成30年8月現在のものとした。
5、用字用語については、原則として一般的な表記に統一したが、執筆者の見解によるものもある。
6、説明文中の人名など固有名詞は敬称略とした。

阪急ショッピングプラザオープン時の阪急茨木市駅東口付近
〈双葉町・昭和47年・撮影＝田村文男氏〉

第1章 ◆ 景観 I　拡大する中心市街

　本章から第3章までは、おもに景観を主題とする。本章では中心市街の景観を扱う。

　国鉄（JR）茨木駅が明治9年にできて以来、高橋付近から東側にあった旧茨木村の町場は、西に延びていった。昭和3年の阪急茨木町駅（茨木市駅）の開業は、逆に東への展開をうながした。市制施行後も続く、中心市街の変化と東西への拡大が、本章の眼目である。

　まず阪急茨木市駅東側からスタートし、駅を越えて高橋筋、現在の中央通りを西にたどる。続いて、中央通り北側を並行する阪急本通商店街と、両者をつなぐ心斎橋商店街の写真を掲載した。その後いったん阪急茨木市駅東側に戻り、駅南へ回って、大池、舟木町から現在の東西通りを西へ向かった。

　阪急茨木市駅から西向きの流れの一区切りとして、高橋西の中央官庁街を東南から眺めた写真を見開きで配した。

　その後旧茨木川沿いの茨木幼稚園付近を出発し、西へ向かうと国鉄、現在のJRの東側駅前と線路に出会う。線路を越えて西に出ると、かつては新池が大きな場所を占めていた。現在の駅前ロータリーと駅前ビルの場所である。ここを越えて西駅前の交差点に到り、歩道橋から撮った写真をもって本章の末尾とした。

整備中の阪急茨木市駅東口周辺

大阪万博の招致を契機とする中心市街改造の以前には、阪急茨木市駅には東口がなかった。上の写真、左端に建築中の東側駅舎。中央奥に十三信用金庫の広告塔。右端の店は34ページの写真にも写る。左の写真で駅ホームとの関係を示す。（双葉町・昭和43年・撮影＝田村文男氏）

阪急茨木市駅北、東側

草の茂る空き地の奥を、阪急本通側から踏切を渡ってきたバスが通過する。阪急の線路沿いの杭が、写真左端に連なっている。（双葉町・昭和40年・撮影＝田村文男氏）

ビル街になる前の阪急茨木市駅東側

東口が開いても、駅東側が一気に商業地区になったわけではない。写真の空き地は、現在のコジマ×ビックカメラの場所。一方通行の標柱の向こう、駅とのあいだには寿司屋やスナックが収まった2階屋が見える。（双葉町・昭和47年・撮影＝田村文男氏）

再開発を待つ阪急茨木市駅西側

写真2点はいずれも駅前再開発の工事前年に、駅ホームから撮影されたもの。上の写真、手前に線路に沿った駅前の通り。中央左奥に茨木別院の大屋根が見える。左端に、左の写真にある駅舎の屋根がのぞいている。（永代町・昭和43年・撮影＝田村文男氏）

阪急茨木市駅西側の再開発

左ページ上段写真の駅前が、再開発されてロータリーとビルになった。下の写真、駅ビルと茨木ビル（ソシオ茨木1）が建設中。ロータリーには工事用のプレハブが建つ。右の写真は竣工直後の姿。
（永代町・下＝昭和44年、右＝昭和45年・撮影＝田村文男氏）

茨木別院南側

上の写真は年代不詳。明治中期から昭和のかかりまで、別院南側の地形図には変化が見られない。左の写真、昭和40年頃には高橋筋(中央通り)南に家屋が建っているが、その南はまだ農地である。(別院町・上=明治末〜昭和初期・提供=茨木別院／左=昭和39年・撮影=田村文男氏)

高橋筋（中央通り）拡幅の前後

上の写真は本町通り東から、左の写真は心斎橋筋東から、西を望む。ともに道路の先に、近畿相互銀行の広告塔が見えている。拡幅は昭和43〜45年にかけ、駅前再開発と並行して行われた。（大手町〜元町・上＝昭和41年・撮影＝田村文男氏／左＝昭和50年・提供＝茨木高校）

阪急本通商店街

上の写真は商店街東端付近。ゲートはあるが、まだアーケードはない。かつてはバスもこの道を通っていた。右の写真はアーケード化以後。路面もタイル張りになっている。（上＝別院町・昭和52年・撮影＝田村文男氏／右＝元町・昭和55年・提供＝茨木市）

心斎橋商店街

通りの右に、現在もある山口紅葉堂本店。店名を掲げた旗の奥に「大誓文拂(せいもんばらい)」と書かれたゲートがある。誓文払は、旧暦10月22日頃に行われていた商家の蔵ざらえに発する、秋の大売り出し。(元町・昭和10年代中期・提供＝山口紅葉堂本店)

阪急茨木市駅東、ダイエー茨木店付近

昭和43年開業のダイエー茨木店は、現在の阪急東中央商店街の突き当たりの位置にあった。写真の頃には商店街はまだない。ダイエーはのちにトポスとなり、平成14年に閉店。跡地はマンションになっている。（中津町・昭和47年・撮影＝田村文男氏）

舟木町、三栄市場付近

現在の東西通りの阪急線路東、舟木町交差点南側付近。当時は舟木町でなく南新町という地名だった。写真右に「まるぎしの家具」「キリン堂薬品」などの看板を掲げた三栄市場、左に電器店と食堂の入った2階屋がある。（舟木町・昭和38年・撮影＝田村文男氏）

大池、嫁入り道具の荷出し

上の写真、中央奥に阪急の電化柱がのぞくが、ビルはまったく見られない。土の道に停まったトラックに嫁入り道具が積まれている。右の写真では嫁入りのご当人が、荷物と一緒に写真に収まる。
（大池・昭和40年・提供＝中井貢氏）

堀廣旭堂に突当たる寺町橋筋（東西通り）

写真左の瓦屋根の建物が書店・堀廣旭堂。右が南側になる。現在の東西通りはJR茨木駅からスタートして東へまっすぐ通るが、以前は阪急の手前で堀廣旭堂に突当たっていた。（新庄町・昭和50年・提供＝茨木高校）

建物正面を改装した堀広旭堂

上段写真と同じ位置で、建物正面（ファサード）が新しくなっている。建替えた訳ではなく、2階正面に板壁を設置してビル風にした。店名に旧字「廣」でなく「広」の字を使っている。（新庄町・昭和57年・撮影＝田村文男氏）

堀廣旭堂前から西を望む

手前の道路は茨木高校北辺を経て市の官庁街南側に到る。奥に電報電話局のアンテナ塔がそびえる。左手、道路南側に2階建ての店舗ビル。茨木高校の生徒たちがいる。（新庄町・昭和50年・提供＝茨木高校）

堀廣旭堂の前を行くモガ

「モガ」は「モダンガール」。昭和初期、洋風に着飾った若い女性をこう呼んだ。どういう経緯か堀廣旭堂の前を、傘を差したモガが少し間隔を空けながら何人も通る。（新庄町・昭和初期・提供＝堀廣旭堂）

茨木高校から眺めた中央市街

写真左手前が新庄町、道路右側は大手町。びっしり並ぶ瓦屋根の向こう、旧茨木川堤をはさんで官庁街。3階以上の建物はまったくない。

（新庄町から西北方面・昭和30年・提供＝茨木高校）

舟木町から茨木高校を望む

44ページ下段写真の三栄市場の前から、西向きに撮影。阪急の線路までは農地で、その向こうに背の低い建物が並び、中央奥に茨木高校校舎が見えている。ビルの並ぶ現在とは様変わり。（舟木町・昭和38年・撮影＝田村文男氏）

中央公園の子どもたち

中央公園はこの年にできた。添書きには「茨木公園」とあり、そう呼ばれていたらしい。遊具の並ぶ公園のベンチに、靴下を履いていない子どもたち。日本はまだ連合国の占領下にある。2年前に市制を施行した茨木市は、この年初め、写真左奥の市庁舎を開庁した。（駅前・昭和25年・提供＝大谷博氏）

茨木幼稚園付近

茨木幼稚園東側の通りを、保護者にはさまれながら園児たちが行く。お母さん方は荷物を持っており、お弁当を抱えた遠足だろう。右の家屋の屋根越しに、旧茨木川堤にあった配水塔のとんがり屋根がのぞいている。（片桐町・昭和31年・提供＝茨木幼稚園）

養精中学校付近

上の写真は養精中学校の、道路をはさんだ南側。風紀・交通委員が、旗を挙げ、登校中の生徒たちを渡らせる。右奥の広告塔はパチンコ店。下の写真は、旧茨木川堤の配水塔に見下ろされての体育祭。(駅前・上＝昭和42年、下＝昭和30年・提供＝養精中学校)

高橋筋（中央通り）、官庁街西側から東向き

道路左側の商店街に、3階以上の建物がない。近畿相互銀行の広告塔の後ろに、現在閉鎖され解体を待つ茨木市民会館。歩道と車道の境に、万国旗のように大阪万博の旗がひるがえる。（駅前・昭和45年・撮影＝田村文男氏）

下中条、茨木高美幼稚園付近

園側から撮影。園児の手を引いて、赤ん坊を背負ったお母さんがやってくる。お向かいのお家の庭が、菜園になっているように見える。同園は昭和58年に、小川町に移転した。（下中条・昭和32年・提供＝茨木高美幼稚園）

国鉄茨木駅北側ガード付近

現在の中央通りJRアンダーパス西側。手前からの道がガードで狭くなり、バスが車高ギリギリで通過する。この道を掘り下げると同時に、拡幅も行った。（春日〜西駅前町・昭和43年・提供＝関西大倉学園）

駅前1丁目の通りと民家

国鉄茨木駅東側すぐ。通りは現在の東西通りである。道路南から北向きに撮影。板塀に囲まれた民家が、落ち着いた住宅街の雰囲気をかもしだす。（駅前・昭和25年頃・提供＝大谷博氏）

国鉄茨木駅西側にあった新池

新池は埋め立てられて、ロータリーと駅前ビルができた。上の写真は東向きに撮影。対岸の建物のあいだに、通過する列車がのぞく。右の写真には新池と、北西の春日丘高校が写る。（西駅前町〜春日・上＝昭和43年・提供＝関西大倉学園／右＝昭和36年頃・提供＝春日丘高校）

国鉄茨木駅ロータリーの歩道橋

東向きに撮影。春日丘高校の生徒たちが通学する。背後に見える食堂ビル・三平苑の広告塔は、左ページ上段写真にも写っている。(西駅前町・昭和47年・提供＝春日丘高校)

国鉄駅前ビル北側付近

春日丘高校から撮影。真新しい駅前ビルに「いづみや」の広告塔。当時はひらがな表記である。道路沿いが更地にされ、ビルが建とうとしている。(春日〜西駅前町・昭和48年・提供＝春日丘高校)

国鉄茨木西駅前本通

国鉄駅前を西に延びる道路から、駅方向を撮影。道路両側に店舗の看板が並ぶ。道路奥に、前ページ上段写真にもある、国鉄線路向こうの、三平苑の広告塔が見える。(西駅前町・昭和43年・撮影＝田村文男氏)

西駅前交差点から東向き

左ページの写真の道路を、もう少し西から撮ったことになる。拡幅されて、景観はまったく変わったが、三平苑の広告塔だけは、同じように奥に見える。(西駅前町・昭和45年・撮影＝田村文男氏)

西駅前交差点から南向き

上段写真と同じ歩道橋上から、これは南向きに撮っている。現在は両側にビルが並び、道はイオンモール茨木を経て大阪モノレールを宇野辺駅東側でくぐる。(西駅前町～中穂積・昭和45年・撮影＝田村文男氏)

区画整理中の横江地区。中央奥にかすむ南中学校校舎は建築中と思われる。
〈横江・昭和42年頃・提供＝中井貢氏〉

第2章 ◆ 景観Ⅱ 田園の変貌

　本章は茨木の、中心市街（阪急茨木市駅付近からJR茨木駅付近）以外の場所を扱う。おおむね田園地帯であり範囲が広いため、どう並べるかは市域全体をどう把握するかという問題と重なっている。本章では大区分を「南から北」へと取り、大区分内の方向付けは「東から西」を基調とした。大区分が分かりやすいよう、区切りには大きな航空写真をはさんでいる。

　具体的には、市の東南部分、沢良宜方面から出発し、まず中心市街の南側をたどった。その後、区切りとして安威川南西域を広く撮った航空写真を見開きで掲載した。

　続いて、中心市街北側を3層に分け、もっとも近い層として、戸伏町から南春日丘までをたどった。旧三島村から旧春日村へという流れである。ここでの区切りには、南春日丘の航空写真を置いた。

　中心市街北側第2層は、耳原から清水へとたどっている。耳原付近から、旧村でいうと安威、福井、豊川へという流れとなる。これは、旧3村の茨木市合併の年度順にもなっている。この層の区切りに、旧豊川村付近の航空写真を配した。

　本章の最後には、中心市街北側第3層として、市の最北部・山間の写真を掲載している。

茨木川の堤防と沢良宜浜の集落

現在の大阪モノレール沢良宜駅の東。写真左側に堤防上の土の道。草の生える急斜面の右に、集落がある。堤防は屋根を越す高さだが、大雨の際にはしばしば決壊した。(沢良宜浜・昭和10年・提供=中井貢氏)

沢良宜浜の道

左ページの写真の集落付近。サンダル履きの女の子が手にするのは茅の葉らしい。右の民家と土の道のあいだは、草で隠れているが水路があるようだ。(沢良宜浜・昭和43年・提供＝中井貢氏)

沢良宜浜の民家の庭

旧茨木川堤沿いではなく、東へ少し離れたあたり。女性が自転車に乗るが、道ではなく、庭を通っているようだ。生垣の向こうに隣家がある。(沢良宜浜・昭和32年頃・提供＝中井晃氏)

真砂の水田

現在は住宅街となっている真砂地区だが、かつては水田が一面に広がっていた。写真の継ぎ目の右側に、建築中の南中学校が写る。(真砂・昭和42年・提供＝中井貢氏)

沢良宜東、池の跡

添書きに「池を埋立てた住宅化」とある。左の工事中の場所が、かつては池であったらしい。「沢良宜東北方」とも書かれており、JRの貨物線のあたりか。(沢良宜東町・昭和42年頃・提供＝中井貢氏)

野々宮の土蔵

市東南端、玉島小学校南側。淀川に近い低湿地帯では、水害除けとして足元に石垣を高く積んだ土蔵が見られる。段蔵といい、2〜3の蔵が段をなして並ぶ。（野々宮・昭和60年前後・提供＝中井貢氏）

玉櫛小学校周辺の人口増

右上の写真で校舎を増築中の玉櫛小学校だが、右下の写真ではその新校舎の前からさらに右手にもプレハブが建つ。運動場の向こうに樹木が消え、家屋がびっしりと建込む。この間、わずか5年。（水尾・右上＝昭和41年、右下＝昭和46年・提供＝玉櫛小学校）

丑寅の通り

現在、阪急南茨木駅とJR千里丘駅のあいだにある丑寅地区も、この頃は田園地帯。JRはまだ国鉄で、阪急南茨木駅はまだない。土の道の左側から奥にかけて、田が広がる。
（丑寅・昭和25年・提供＝三ツ柳明紀氏）

北東から見た安威川南西の市街

手前に安威川が、右（北西）から左（南東）に流れる。右ページに国鉄の、左ページに阪急の線路が延びる。右ページ中段、国鉄左手に写る茨木小学校の100周年の際の撮影。阪急左手、安威川近くに東中学校。国鉄右手には松下町に工場が広がる。（庄上空から南西方向・昭和48年・提供＝中野彰人氏）

東中学校のマラソン大会

田園風景の中、体操着の男子が走って、女子は応援。添書きがないが、右の土手が安威川で、学校の東、西法寺南側だろう。右端には墓地が写っているように見える。(中村町・昭和33年・提供＝東中学校)

東中学校、稔りの秋の下校

東中学校の周囲は、この頃はまだ田圃だった。実った稲のあいだの農道のような道を、制服の生徒たちが下校する。
(末広町・昭和32年・提供＝東中学校)

住宅街になった戸伏町

現在に比べると家が建込んでおらず、2階屋も少なく、空が広い。このあたりはまだ「新しい住宅地」という印象があったのではないか。茨木幼稚園に入った女の子たちが、春の陽の下でポーズを取る。（戸伏町・昭和44年・提供＝中野彰人氏）

戸伏町の土の道で

中央から右手にかけて、平屋の長屋が連なる。上段写真の右の女の子は、茨木小学校に入った。突当たりの建物は愛正診療所である。（戸伏町・昭和45年・提供＝中野彰人氏）

宅地化前の総持寺周辺

農地越しに境内の木々と堂宇が見える。現在の大阪行岡医療大学前あたりから、国鉄と平行方向に撮影。白い土塀が中央右で切れて、寺の南側の階段がある。(総持寺・昭和40年・撮影＝田村文男氏)

三島小学校周辺

上の写真は戦前、まだ尋常小学校だった頃。左側に簡素な南向きの正門がある。右の写真は戦後、占領が終わって数年後。雨の中、どろんこ道を通学。奥に国鉄の線路の土手が見える。(三島町・上＝昭和12年頃、右＝昭和30年頃・提供＝三島小学校)

西河原の民家の解体

右奥に見える隣家同様、茅葺屋根に瓦の庇が付いていた。庇はまだあるが、茅は取り除かれ、木組が見えている。家屋はこのあと、綱をかけて引倒された。（西河原・昭和36年・提供＝松田博一氏）

田中町の民家

上段写真と同じく茅葺屋根と瓦庇を組合せた民家の、茅葺部分がトタン板で覆われている。右奥にダイハツの工場の広告塔が見えている。（田中町・昭和44年・撮影＝田村文男氏）

上泉町の国鉄ガード

ガードの向こうは田中町。現在、右側の民家の様子は変わっているが、レンガ積みのガードは撮影当時と変わらない。（上泉町・昭和44年・撮影＝田村文男氏）

上泉町の川本本店

日用品の卸問屋だった建物は、現在、手入れされて国の有形登録文化財。この頃には1階庇の先に板壁を立てて、ビル風に見せている。写真の外、左手並びには蔵元・中尾酒造があったが、こちらは平成22年、宿久庄に移転した。（上泉町・昭和44年・撮影＝田村文男氏）

春日の通りと田圃

JR 茨木駅北の春日地区も、昭和20年代は田園地帯。上の写真、板塀と、一段低い田のあいだの土の道を自転車が通る。右の写真、お孫さんをしょった女性の背後に農地が広がる。（春日・上＝昭和27年、右＝昭和24年・提供＝森脇元宏氏）

春日小学校付近

学校の西を通る府道 14 号を北向きに撮影。道は舗装されていない。校内マラソン大会のようだ。写真右端から走ってきた生徒が道路上の、生徒たちがかたまっているあたりでゴールする。(上穂東町〜上穂積・昭和 31 年・提供=春日小学校)

西中学校北東

右奥側には田圃が、左奥側には丘陵が広がる。前年開校した西中学校の、塀に囲まれていない、オープンな運動場。体育祭のマスゲームが行われている。
(郡〜上穂積・昭和 27 年・提供=西中学校)

西中学校正門付近

校地南側。坂道から折れ、さらに坂を上がって正門に到る。現在は道路に接して門があり、すぐに鉄筋校舎が立つ。道路右側のようすも、だいぶ違っている。（見付山・昭和30年・提供＝西中学校）

沢池幼稚園周辺

写真中央にある同園の、開園5周年の際の撮影。右端から中央にかけて松沢池、左端に沢池小学校、中央下端に万博記念公園運動場がある。（南春日丘・昭和55年・提供＝日本キリスト教団茨木教会）

耳原公園南側付近

上の写真、手前が瓦辰の屋号で瓦を焼いた三ツ柳製瓦工場。南向きに撮影。左の写真は、通りに面した瓦辰東側外観。(耳原・昭和39年・提供=三ツ柳明紀氏)

下井町の通り

左の道は西国街道だろうか。民家脇の空き地らしき場所に、着物の母子。二人の背後にあるような板塀は、いまではすっかり見かけなくなった。(下井町・昭和24年・提供＝松田博一氏)

安威小学校付近 -1

校庭南西側。跳び箱を使って体操をする生徒たちの向こうに、素通しに周囲が見える。右側には茅葺屋根や土蔵風の建物も。（安威・昭和35年・提供＝安威小学校）

安威小学校付近 -2

校庭は昭和41年に立った塀に囲まれるが、周囲にはまだ茅葺きの民家も残る。校長先生に向かって、生徒代表の選手宣誓。（安威・昭和45年・提供＝安威小学校）

安威小学校付近 -3

昭和44年に建った3階建ての北校舎が、周囲を圧する高さに見える。プレハブ校舎が立ち、周辺の人口急増がうかがえる。(安威・昭和44年・提供＝安威小学校)

追手門学院周辺 -1

右端に「追手門学院作業所」の看板が立つ。奥の岡を削って、大学の1号館を建てた。この翌年に、大学が開学している。
（西安威・昭和40年・提供＝追手門学院大学学院志研究室）

追手門学院周辺 -2

岡を削って土地を作っているようすがよく分かる。造成地を横切る道が左側で突き当たり、その後、手前に上っている。大学1号館は上がった先に建つ。（西安威・昭和41年頃・提供＝追手門学院大学学院志研究室）

追手門学院から東を望む

大学建設の工事現場から、阿武山方面を撮影。稲架(はさ)が並ぶ田の広がりの向こう、安威地区東側の小丘陵手前に住宅が連なる。安威川の向こうに高槻市域が写る。（西安威・昭和40年・提供＝追手門学院大学学院志研究室）

西福井から北西方面

中央右に関西大倉学園の校舎が見える。その左手前に、高い給水塔のある府営西福井住宅。安威川南岸から、対岸の草むら越しに撮っているようだ。

(西福井〜室山・昭和43年頃・提供=関西大倉学園)

朝日丘団地の開発

室山3丁目の丘陵の裾に、朝日丘団地が造成されている。その奥、一段高い室山1丁目部分はまだ工事途中。さらに奥に関西大倉学園の校舎が見える。中央左に北大阪警察病院があり、左端、病院入口前でバスが回る。（室山・昭和40年前後・提供＝関西大倉学園）

関西大倉学園、移転地の視察

関西大倉学園は、大阪市内から現在地に移転してきた。学園関係者だけでなくPTAも、工事前に予定地を視察する。造成されていないので道はなく、こんなところを通って現場確認を行った。（西福井〜室山・昭和37年頃・提供＝関西大倉学園）

豊川小学校北々東方向

当時校地北西にあったプール越しに北々東方向を撮影。手前の家屋の向こうに農地があり、勝尾寺川の土手の向こうに丘陵が立上がる。左端の道は勝尾寺川西の集落に突当たる。(宿久庄・昭和45年頃・提供＝豊川小学校)

蛇行する勝尾寺川

写真左側に豊川小学校。当時の勝尾寺川は、学校南東側で蛇行する。校庭では児童たちが、開校80周年記念の人文字を描く。(宿久庄・昭和44年・提供＝豊川小学校)

箕面町に編入される直前の、豊川村役場付近

奥の建物が清水にあった豊川村役場。昭和31年末に豊川村全体が一旦箕面町に編入されて箕面市ができ、24日後に旧豊川村東部は箕面市から茨木市に市域変更された。うち川合地区は昭和32年になって、再度茨木市から箕面市に戻った。〈清水・昭和31年頃・提供＝箕面市〉

旧豊川村付近

左端は箕面市。左右に国道171号が通り、右端は豊原町。左で国道とT字をなす府道1号沿いに、現在は大阪モノレールが通る。国道南を豊川が左から流入し、国道と交差した勝尾寺川に合流、右端で再度国道171号と交差する。(豊川地区周辺・昭和45年頃・提供＝豊川小学校)

清溪小学校、プールの地鎮祭

小学校へのプールの設置は、同校が北摂初とも全国初ともいわれる。児童たちと関係者で、地鎮祭。奥に当時の集落が写っている。茅葺と瓦屋根が混在。（泉原・大正14年・提供＝清溪小学校）

泉原、府道43号の分岐点

清溪小学校から坂を下がった突当たり。「北大阪ネオポリス」と看板が掛かる。道路右側を拡幅中。現在道路左側にある歩道が、まだない。
（泉原・昭和63年・提供＝清溪小学校）

山間の集落

場所は特定できないが、下音羽付近らしい。大きな庇が張り出した中央の建物は倉庫だろうか。手前の畑で頬被りをした女性が鍬をふるう。建物左奥に道があり、その向こうに2階屋が建つ。(下音羽・昭和49年・撮影＝梶本恭孝氏)

農地へ通う子どもたち

桶やもっこは二人がかり、鍬は一人ずつ担いで、農地に向かう。女の子ばかり。忍頂寺小学校の高等科（現在の中学1～2年）の、農業実習だと思われる。引率の男性だけ帽子をかぶる。（忍頂寺・昭和10年代・提供＝忍頂寺小学校）

下音羽の棚田

下音羽城跡付近からの撮影。奥は竜王山。手前から田が段をなして下り、道の向こうで今度は段をなして上がる。（下音羽・昭和44年・撮影＝田村文男氏）

旧茨木川堤、茨木神社北。左奥に六軒町橋が見える。
〈元町・昭和31年頃・提供＝山口紅葉堂本店〉

第3章 ◆ 景観Ⅲ 川と池と山と

　本章には市内の川、池、山に関する写真を掲載している。とはいえ、自然景観の推移を扱う訳ではなく、橋や堤防、溜め池、ハイキング先としての山など、人との関係で、その変化をたどったものである。

　川の写真として、まず、いまはない旧茨木川を取り上げた。時代的には昭和16年の茨木川付替え以前から、昭和50年代に旧茨木川が埋められる前までの姿を、空間的には高橋周辺から下流へ、高浜橋までたどっている。

　その後、安威川を名神高速道路の南から、茨木川との合流点を経て、宮島橋まで下った。横江と島を区切る北川の写真も合わせて掲載している。

　川に続いては池を取り上げた。市内にはかつて、灌漑用の溜め池が多くあった。ここでは清水の池や耳原大池など、いまも残る池も取り上げたが、国鉄茨木駅西の新池や大池小学校になった内瀬の池など、池の多くはすでに埋めたてられている。

　山の写真は、生活圏を少し離れた行楽の場所として取り上げた。ゴルフ場、ウサギの狩り場、ハイキング先としての山である。川は南へ下っていったのに対し、山は北へと上っていく配置を取った。

北側から見た、明治期の高橋付近

右岸から撮影。左側の林が茨木神社。中央に高橋。堤防が高いので建物は見えにくいが、右側の土手の奥にのぞいている。(元町〜駅前・明治34年・提供＝茨木高校)

南側から見た、明治期の高橋付近

右岸から撮影。左ページの写真の6年後。橋の東側たもとに建物がある。西側たもとにもあるように見えるが、よく見ると看板で、木の幹と枝のせいで建物に見える（駅前〜大手町・明治40年・提供＝茨木高校）

北側から見た、戦前の高橋付近

96～97ページの写真と比べると、橋が架替えられ、護岸下部が石組に変わっている。上の写真、橋のたもとの建物看板に「中□チーズ」とあるようだ。下の写真では、橋の南側にかけて、川と土手が蛇行しているようすを示す。（元町～大手町・昭和11年・提供＝加藤穣慈氏）

西側から見た、戦前の高橋付近

昭和16年に茨木川は安威川に合流するよう付替えられるが、その前後の写真と思われる。左ページの上段写真と比べ、橋はまた架替えられている。橋のたもと東南には同じ建物がある。(駅前〜大手町・昭和10年代後半・提供＝山口紅葉堂本店)

旧茨木川の土手で遊ぶ

茨木神社西側付近。茨木川はすでに安威川に合流するように付替えられており、市街地を南流していた部分は、昭和24年に廃川となった。したがって写真は「旧茨木川」であるが、まだ水はある。左の3人の男の子は、下駄や草履履き。
（元町・昭和34〜35年頃・提供＝山口紅葉堂本店）

高橋のたもとで遊ぶ

戦前の、高橋北西たもと。99 ページの写真と同じ橋が写る。左ページの写真とは、子どもたちの髪型も服装も違っている。左端の子は腹巻きをしている。(元町・昭和 10 年代後半・提供＝山口紅葉堂本店)

旧茨木川で虫取り

茨木幼稚園西側付近。この頃の旧茨木川堤の内側は、放置されて草がボウボウになっている。制服の園児たちが、虫取りに熱中する。(片桐町・昭和 43 年・提供＝茨木幼稚園)

茨木川の水運

詳しい場所は分からないが、写真を見た90代の女性が「昔はこんなだった。よく写真があったね」と語ってくれた。山間部から薪炭を運んだものか。舟に子どもがいるように見える。
（元町付近・昭和10年前後・提供＝山口紅葉堂本店）

市東南部の水運

詳しい場所は不明。左の土手は高そうだが右側は低く、川ではなく川沿いの水路かもしれない。何艘もの小舟が浮かぶ。114ページ下段写真にあるように、舟は灌漑池でも使われていた。(茨木市東南部・昭和40年代・提供＝山口貢様)

茨木川堤の給水塔

昭和14年、片桐町の茨木川沿いに、上水道用のタンクが建てられた。10メートルを越すほどの高さがあった。上の写真、対岸の旧茨木川堤を養精中学校の生徒が走る。左の写真は、下から見上げたようす。（上中条〜片桐町・上＝昭和29年頃・提供＝養精中学校／左＝昭和10年代後半・提供＝山口紅葉堂本店）

茨木高校と茨木川

上の写真は電報電話局のアンテナ塔からの撮影。旧茨木川に寺町橋が架かる。堤防は切り下げられ、拡幅して車が通れる道になった。左の写真左奥には堤防切り下げ前の川が写る。この頃、学校は旧制中学。（新庄町・上＝昭和35年、左＝昭和11年・提供＝茨木高校）

茨木川堤で運動会

沢良宜橋の南、道祖神社北あたり。地域の運動会を堤防上でしている。茨木川が廃川になる前後。周囲には田が広がる。
(高浜町・昭和20年代・提供＝中井晃氏)

昭和初期の茨木川高浜橋周辺

手すりのない高浜橋が茨木川に架かる。堤防と田圃越しに、沢良宜西の集落。集落右端に高島酒造の倉庫がある。（高浜町〜沢良宜西・昭和10年頃・提供＝中井貢様）

高浜橋のたもとで

新婚の二人がカメラに収まる。右手に、ひょろひょろした木の手すりの高浜橋。右ページ上段写真の橋に架け替わる直前。旧茨木川にはまだ水がある。（高浜町〜沢良宜浜・昭和39年頃・提供＝中井貢氏）

茨木川堤の兄妹

服装や髪型から、戦前の写真だと思われる。お兄ちゃんと、妹と。二人の背後に土手の上の道があり、その向こうに対岸の堤防斜面が見える。（沢良宜浜付近・昭和戦前・提供＝中井貢氏）

高浜橋の渡初め

昭和40年、高浜橋は、新しい橋に架替えられた。上の写真、車が通れぬよう杭が立つ。右の写真は渡初めに集まった人々（高浜町〜沢良宜西・昭和40年・提供＝中井貢様）

茨木川と安威川の合流点西側

茨木川を少し西に遡ったあたり。対岸の土手の上に建物がのぞく。左奥に国道171号の橋がぼんやりと写る。(田中町〜三咲町・昭和40年頃・提供＝加藤穣慈氏)

茨木川と安威川の合流点

9月3日の大雨洪水警報下。下流側から撮影。右側は西河原。合流点北の三咲町南端部にこの頃は木がなく、建物がむき出しに見えている。山側から流れる安威川の水量が多い。（三咲町～西河原・平成元年・提供＝中井貢氏）

安威川、名神高速道路南

西国街道太田橋のたもと。現在は車用の橋と歩行者の橋が分かれている。側壁のない名神高速道路をトラックが通過する。奥の阿武山裾に追手門学院、山頂近くには京都大学の地震観測所が見える。（西太田町・昭和40年頃・提供＝加藤穣慈氏）

安威川、つくし摘みの子どもたち

茨木川との合流点の上流部分。このころは、土手や河川敷で、子どもたちはつくし摘みができた。対岸の土手の向こうに、集落の屋根が見える。（太田付近・昭和34年頃・提供＝松田博一氏）

安威川、木造の橋と鉄橋

列車が渡る鉄橋の手前に、木造の長い橋。離れて田中町のダイハツの看板があり、その奥の山腹には関西大倉学園が見える。寺田町付近から撮ったと思われる。（寺田町から北西方向・昭和30年頃・提供＝関西大倉学園）

中村町の灌漑池

この頃、東中学校の周囲は田が多く、学校東北側には灌漑用の池があった。池の脇には農事小屋が建ち、その左前には小舟が浮いている。（中村町・昭和33年・提供＝東中学校）

東中学生、安威川を渡る

高槻市唐崎までのマラソンルート。東中学校東南、五十鈴橋の一本上流側の、113ページ写真の木の橋だと思われる。木造の長い橋を生徒たちが渡る。(五十鈴町・昭和32年頃・提供＝東中学校)

牟礼神社北の安威川河川敷

肩から画板を提げた東中学校の生徒たちが、牟礼神社脇から、列をなして河川敷に下りる。左側に阪急の鉄橋が見えている。(中村町・昭和35年・提供＝東中学校)

宮島橋付近、安威川改修の前後

上流向きに撮影。流れの左が宮島で、右は摂津市。上の写真の葦の繁る川原が、左の写真の広い流れになった。現在は中州ができて、再び草が繁る。

(宮島・上＝昭和46年頃、左＝昭和54年・提供＝中井貢氏)

北川の改修工事

横江と島を区切る、北川の改修工事。護岸がコンクリートブロックになっていく。横江地区はかつて、北川と茨木川にはさまれた水田地帯だった。(横江〜島・昭和42年・提供=中井貢氏)

豊川中学校横、清水の池

豊川中学校は、昭和23年から45年まで、大阪モノレール西側の、清水にあった。上の写真にあるように、校歌3番に歌われる「清水の池」に隣接。右の写真、池をプールとして使っていた。（清水・上＝昭和23年頃、右＝昭和30年前後・提供＝豊川中学校）

旧制茨木中校（茨木高校）南の池

右側手前、水田のように見えるが「南庭溜池側から」と添書きにある。柵の奥は旧制茨木中学校グラウンド。池の左側は茨木川の堤防である。（新庄町・明治末〜大正・提供＝茨木高校）

耳原大池に浮かぶ島

耳原公園の耳原大池に浮かぶ島は、いまは木や草がぼさぼさに生え、鳥のねぐらになっているが、かつては松が生え、日本庭園風の景観だった。手前に生える笹越しに撮影。（耳原・昭和40年前後・提供＝三ツ柳明紀氏）

埋立てられた新池

道の右手奥に茨木高等女学校（春日丘高校）の校舎。制服の生徒たちが下校する。池は現在の駅前ビル（イズミヤ）から駅ロータリーにかけての広い土地を占めていた。（西駅前町〜春日・昭和8年・提供＝春日丘高校）

埋立てられた寺田町の池

写真の池は寺田町の北端、中村町との境にあったが、この時埋立てられて宅地になった。権兵衛池といったらしい。中村町側から撮影している。(寺田町・昭和43年頃・提供＝小川知三氏)

埋立てられた内瀬の池

現在の大池小学校の場所にあった池。「大池」ではなく「内瀬の池」と呼ばれていた。写真は池南西角から北向きに撮影している。(大池・昭和39年・撮影＝田村文男氏)

ゴルフ場の池（上）と門柱（右）

大正末に設立された茨木カンツリー倶楽部は、戦時の接収を経て昭和23年から活動を再開した。上の写真は池で釣りをする女性。右の写真には着流しのお父さんと姉妹。ゴルフをする写真は、なぜか集まらなかった。（大字中穂積・上＝昭和33年、右＝昭和30年代・提供＝加藤穣慈氏）

ゴルフ場付近の切通しの道

左ページ下段写真の3人が、茨木カンツリー倶楽部付近を行く。男性は着流し、子どもたちは幼いので、ご近所から来たはず。遊び場感覚の場所だったのだろうか。(大字中穂積付近・昭和30年代・提供＝加藤穣慈氏)

茨木小学校のウサギ狩り

市内の複数の小中学校の卒業アルバムにウサギ狩りが登場するが、いずれも場所の記載がない。ウサギ追いしあの山は、どこだろう。奥に小屋や四阿が写る。
（茨木市内・昭和31年・提供＝茨木小学校）

東中学校のウサギ狩り

左ページの写真はふつうの遠足に見えなくもないが、こちらは山の斜面の細道に入っている。東中学校の男子生徒たちが、制服、制帽姿でウサギを追う。（茨木市内・昭和35年・提供＝東中学校）

ウサギ狩り、獲物を提げて

左ページと同じ、茨木小学校の児童たち。捕まえたウサギは棒に吊して、提げて帰った。捕縛用の縄は、各自が腰に下げる。足元は脚絆を巻いている。
（茨木市内・昭和31年・提供＝茨木小学校）

竜王山に登る

街なかのような服装に、お母さんは手提げバッグ。家族が軽装で竜王山に登る。茨木市民の気軽なハイキングコース。(忍頂寺・昭和36年頃・提供＝山口紅葉堂本店)

山間部の通り

忍頂寺バス停と車作バス停の分岐標識の写真といっしょに撮られており、その付近だと思われる。通りの右側は高い石垣。奥に道より低い集落の屋根が見えている。(忍頂寺〜車作付近・昭和40年代中期・提供＝加藤穣慈氏)

竜王山登り口石段下

忍頂寺交差点東。左の人物背後の「龍王山」の碑はいまもあるが、ハイキングコースの看板は撤去されている。当時の階段は石組みで、崩れているうえに石が溜まっている。（忍頂寺・昭和44年・提供＝加藤穣慈氏）

千提寺付近の売店

竜王山へ行く途中に寄ったらしい。店は道路脇にあったのだろうか。ベンチに掛けた少年が、パンにかぶりつく。（千提寺付近・昭和45年・提供＝加藤穣慈氏）

昭和10年に竣工した、忍頂寺小学校の講堂内部だと思われる。国家神道下、教育機関には神棚がある。〈忍頂寺・昭和10年代後半・提供＝忍頂寺小学校〉

第4章 ◆ 時事 I
戦争と水害を越えて

　本章と次章では、その時々の社会の出来事やイベントを取り上げる。本章は戦争と災害という、つらい時代と出来事を扱っている。
　茨木の市制施行は昭和23年元日、敗戦後2年4ヵ月という時期であり、戦時期はまさにその直前、市制前史というべき時期にあたる。戦時中の写真は次ページより、応召、銃後の人々、学生の訓練と奉仕について掲載し、続いて、戦没者の遺骨の帰還とその慰霊のようすを取り上げた。途中にはさまれた勝利に沸く写真も、いまとなっては一種苦い感情を誘うものとなっている。
　災害の写真としてはおもに風水害を取り上げた。安威川、茨木川の氾濫は幾たびも市中を水浸しにしているが、ここでは昭和9年の室戸台風から同10年の梅雨の終わりの豪雨、続く8月の台風被害を掲載している。昭和7年以来の度重なる被害は両川の改修へ向けた関係町村の共同行動を促し、それにともなって、のちの市制にもつながる「大茨木町」という構想をも生んでいる。この一連の水害も戦争とともに、市制前史といっていいだろう。
　その後、戦後の風水害として、風台風だったジェーン台風と、北摂豪雨を取り上げた。末尾には養精中学生たちの、冷害被災地への義捐のようすを収めた。

国鉄茨木駅に出征兵士を送る

左胸に花を飾った出征兵がホームを行く。左奥、線路の向こうに見送りの人たち。日の丸が揺れる。大日本国防婦人会の白い割烹着姿が多いようだ。戦況の悪化と防諜のため、歓送は昭和10年代後期には行われなくなる。（駅前・昭和10年代前〜中期・提供＝山口紅葉堂本店）

元町での出征記念家族写真

提灯を吊り、幟を立てて兵士を送る。中央の出征兵は、寄書きされた日の丸を手にする。周囲の人たちの服装は、和服、背広、国民服風とさまざま。まだモンペ姿の女性がいない。(元町・昭和10年代前～中期・提供＝虎谷誠々堂書店)

耳原、幟に囲まれて

軍服を着て、サーベルでなく、日本刀を突いて立つ。幟には「帝国在郷軍人会」「青年会」などの文字。各種の団体が出征祝いを出した。(耳原・昭和10年代前期・提供＝三ツ柳明紀氏)

茨木神社、銃後の家族

出征者家族、あるいは戦死者遺族の、慰労会でもあったのだろうか。茨木神社に、残された家族が集まる。女性にはモンペ姿もあり、男性はみな、国民服を着ている。(元町・昭和10年代後半・提供＝山口紅葉堂本店)

ぼくは軍人

軍服風の衣裳を着て、写真館で、はいポーズ。右手には銃、左腰にはサーベル。この頃の子どもたちは戦争ごっこはお手のもの。捧げ銃も、できたのではないか。(元町付近・昭和10年代・提供＝虎谷誠々堂書店)

専念寺の梵鐘も応召

日中戦争の長期化により国内では金属が不足し、対英米開戦を契機にお寺の鐘まで供出の対象になった。沢良宜浜、専念寺の梵鐘も供出される。「應召」と書かれた紙が貼られている。(沢良宜浜・昭和10年代後半・提供＝中井晃氏)

茨木神社で南京陥落を祝う

茨木高等女学校（春日丘高校）の生徒たちが日の丸を手にバンザイ。昭和12年に華北で始まった日中間の戦闘はその後上海、南京に移り、12月13日、南京が陥落。国内では新聞等の誤報により、12月11日から祝賀行事が行われた。（元町・昭和12年・提供＝春日丘高校）

茨木高等女学校の千人針

校舎脇の階段付近で千人針を縫う生徒たち。1メートルほどの布に赤い糸で一人一針の結び玉を作り、兵士たちにお守りとして贈る。女学校だけでなく、街頭でも縫われていた。（春日・昭和14年頃・提供＝春日丘高校）

大日本国防婦人会の白だすき

国防婦人会といえば、白い割烹着に白いたすきをかけた成人女性の団体だが、写真では花を持った着物姿の少女がたすきをかける。同会は昭和7年に結成され、17年に大日本婦人会に統合された。
(元町・昭和10年前後・提供＝山口紅葉堂本店)

旧制茨木中学校（茨木高校）、軍事教練の査閲

教練は正式科目だったので、成果を測る実地試験があった。軍事教育の場合「査閲」という。教官らしい軍服姿が、背嚢を背負った生徒たちの後ろに立つ。（新庄町・昭和9年・提供＝茨木高校）

旧制茨木中学校、陸上運動会の模擬戦

同校にはこの頃、陸上運動会と水上運動会があった。陸上運動会では、教練の成果を示す模擬戦を行う。上の写真と違って白ズボンなのは、運動会であり、他の競技もあったためか。（新庄町・昭和9年・提供＝茨木高校）

林間の軍事教練

写真は安威の青年学校生だと思われる。青年学校は昭和10年、小学校卒で就業した人たち向けに設置された。おもに実務を教えた実業補習学校と、徴兵前に教練を課した青年訓練所を統合したもので、軍事教練は青年訓練所を受け継ぐ。上の写真、林の中で木刀を振る。右の写真は夜間演習か。(安威付近・昭和10年代・提供＝安威小学校)

軍馬のために、秣を刈る

茨木高等女学校（春日丘高校）の生徒たちによる奉仕活動。場所は特定できないが、茨木川沿いと思われる。右の写真、作業前に鎌を掲げ、気勢を上げる。上の写真、堤防で草を刈る。（茨木川河畔・昭和14年・提供＝春日丘高校）

出征家族の田の稲刈り

この年、日中戦争による労働力不足から国民徴用令制定。出征者の家族の田の稲刈りは徴用でなく奉仕活動として組織された。茨木高等女学校の生徒たちが稲を積む。（茨木市内・昭和14年・提供＝春日丘高校）

藍野御陵の清掃作業

「藍野御陵」は、宮内庁が継体天皇陵とする太田茶臼山古墳。茨木高等女学校の生徒たちが、拝所前を掃除する。国家神道下では、陵墓は信仰の対象である。（太田・昭和14年・提供＝春日丘高校）

無言の凱旋 -1

戦死者が遺骨となって戻るのを「無言の凱旋」と呼ぶことは、昭和10年代になって始まった。春日小学校に何枚も残る地域を回る葬列の写真に、この言葉が添えられている。葬送列も凱旋風に、在郷軍人を前に立てる。(上穂積周辺・昭和10年代前～中期・提供＝春日小学校)

無言の凱旋 -2

産業道路(府道14号)を行く葬送列。右側背後に茨木高等女学校(春日丘高校)の校舎が見えている。道路反対側に見送りの人たちが並び、そこから写真左端の幼児が飛び出した。(中穂積・昭和10年代前～中期・提供=春日小学校)

白衣の勇士

「白衣の勇士」は、日赤阿武山病院に入院していた傷病兵たち。白衣に帽子の姿で、列をなしてやってくる。彼らを慰労に招いた茨木高等女学校の生徒たちが、塀際に並んで出迎える。(春日・昭和18年頃・提供=春日丘高校)

戦死者の村葬

春日村出身の戦死者は、春日小学校講堂で村葬に付された。140〜141ページの葬列は、春日小を出て春日小に戻ったもの。戦況が悪化し戦死者が増大すると、盛大な葬儀は行われなくなる。(春日・昭和10年代前〜中期・提供＝春日小学校)

戦没者の合同慰霊祭

戦没者の慰霊祭は占領期には行えず、独立回復を待って実施できるようになった。写真は自治体でなく、茨木高校の同窓会・久敬会が主催したもの。戦没した卒業生を送る。右の写真のように祭壇前に畳を敷き、そこに座る者は袴を着けた。(新庄町・昭和31年・提供＝茨木高校)

室戸台風で茨木高女校舎が倒壊

昭和9年の室戸台風では、茨木高等女学校（春日丘高校）の校舎が倒壊して6人の死者が出た。上の写真は倒壊した校舎。右の写真は、生徒たちによる懸命の復旧作業。市域ではほかにも複数の小学校が倒壊している。（春日・昭和9年・提供＝春日丘高校）

昭和10年6月末、茨木町の豪雨被害

昭和10年6月末の豪雨では、安威川、茨木川の堤防で決壊が相次いだ。安威川は十日市、西河原、戸伏で決壊。水は新京阪（阪急）の線路土手に堰き止められて西流し、茨木町（現在の市街中心部）を襲った。写真は現在の養精中学校付近。同川は下流・二階堂でも決壊している。（駅前・昭和10年・提供＝虎谷誠々堂書店）

昭和10年6月末、春日村の豪雨被害

茨木川は右岸が中河原や五日市で決壊し、その濁流が春日村を襲った。写真左端に春日神社の木々。土嚢が積まれ、復旧が進む。茨木川は沢良宜でも両岸が決壊した。(下穂積・昭和10年・提供＝茨木神社)

6月末豪雨、曲がる国鉄線路

茨木駅北方。北東向き。国鉄線路の土手が崩れ、線路がぐにゃりと曲がる。土手の左側は道だが、冠水したのか水面のように光る。(春日・昭和10年・提供＝虎谷誠々堂書店)

昭和10年8月の豪雨被害

この年は、6月末の豪雨に続いて、8月にも台風被害があり、修理中の安威川・茨木川の堤防が、ふたたび決壊した。上の写真、崩れた寺町橋。左の写真は高橋。いずれも茨木川東側から撮影。（上＝大手町～駅前、左＝元町～駅前・昭和10年・提供＝虎谷誠々堂書店）

ジェーン台風の日の高橋筋(中央通り)

心斎橋筋の交差点付近から東向きに撮影。道は左奥で茨木別院に突当たる。冠水はしていないようだ。様子を見る人や、走り出る子どもがいる。
(別院町〜大手町・昭和25年・提供=虎谷誠々堂書店)

ジェーン台風の日の心斎橋商店街

ジェーン台風は、雨よりも風によって被害が出た。添書きに「日除けのすだれが吹き飛ぶ」とある。この頃すでに商店街には日除けがあったが、梁を渡してすだれをかけたものだった。(元町・昭和25年・提供=虎谷誠々堂書店)

北摂豪雨、水に浸かった田圃

沢良宜神社北から西向きに撮影。手前の旧茨木川堤越しに冠水した水田が広がり、奥で大阪中央環状線が阪急をまたぐ。茨木川はすでに廃川だが、小川や大正川は時にあふれた。また、安威川は北摂豪雨の被害が大きかった。（玉水〜東奈良・昭和42年・提供＝中井貢氏）

北摂豪雨で折れた千歳橋

草が繁る安威川堤防。仲のいい従兄弟たちの背後に、折れた千歳橋。折れたところだけ、その奥の阪急鉄橋がのぞいている。橋の修理が終わるまで、木製の仮橋が架けられた。（庄〜戸伏町・昭和42年・提供＝小川知三氏）

養精中学校から義捐の米俵

災害に直面し助けられる側になることもあれば、助ける側に回ることもある。昭和31年、冷害のため人身売買が出るほどになった北海道に、養精中学校から義捐の米が送られた。上の写真は積出し、右の写真は義捐の呼びかけ。(駅前・昭和31年・提供＝養精中学校)

阪急茨木市駅前、市制25年の年の茨木フェスティバル
〈永代町・昭和48年・撮影＝田村文男氏〉

第5章 ◆ 時事Ⅱ 出来事の記憶

　本章はイベントやパレード、デモなど、市内で戦後行われたさまざまな出来事を、催事を中心に取扱っている。
　章の冒頭は祭典のセクションとし、現在も行われている茨木フェスティバルのかつてのようすを伝えるとともに、茨木辯天本殿落慶時の舞台、万博時の駅前の歓迎塔といった、他の祭典の模様も掲載した。次いで阪急本通カラー舗装化記念など、中心市街を背景にした、各種のパレードの写真を並べていった。
　ここまでを祭典関連セクションとし、構成上の中休みとして、バスとヘリコプターという乗り物関連の行事をはさんだ。
　続くスポーツのセクションでは、茨木別院を宿舎にした力士たちや、国体とオリンピック関連の写真、いまは市内にない浪商高校が甲子園に出場した際の、市役所での激励の写真を掲載している。
　本章の最後には、社会問題のセクションを置いた。ここでは冷戦の時代のメーデーのデモや、国鉄貨物引込線建設反対運動、一世を風靡した学生運動などの写真を選んでいる。本章末尾では、学校の体育祭の仮装に当時の世相が反映しているありさまを見ていただこう。

茨木フェスティバルのゲート（左）とパレード（下）

現在も行われている、茨木フェスティバル。左の写真、市役所向かいに手前のゲートがあり、奥の階段の上に会場東側ゲートがある。旧茨木川は、このあと埋められた。下の写真、ミス茨木を乗せて、パレードの車が国鉄アンダーパスに入る。（駅前・左＝昭和54年、下＝昭和53年・提供＝茨木市）

茨木フェスティバルのミニSL

南グラウンド。煙を吐く機関車が子どもたちを曳いていく。運転のおじさんは真剣。奥に踊りの櫓が組まれ「心・茨木30」の横幕が掛かる。市制30年。(駅前・昭和53年・提供＝茨木市)

茨木フェスティバル、民謡おどり大会

北グラウンドでは、民謡おどり大会があり、各種の踊りが披露された。これは、おけさか。この年の南グラウンドのステージには、23歳の明石屋さんまが出演している。(駅前・昭和53年・提供＝茨木市)

大池祭の神輿や太鼓

大池祭は社寺に関係がない。地元自治会が地域交流のために始め、昨年（平成29年）、50回を迎えた、8月初めに行われる、地元のフェスティバル。大人も子どもも、ご近所を練り歩く。（大池小学校付近・昭和54年・提供＝茨木市）

茨木辯天（冥應寺）に美空ひばりが来演

「辯天さん」の名で親しまれる冥應寺の本殿は、この年落慶した。落慶大祭典には美空ひばりも出演。人々が陽射しを避け、頬被りして集まる。（西穂積町・昭和39年・撮影＝田村文男氏）

駅前の万博歓迎塔

上は国鉄茨木駅の、右は阪急茨木市駅の、西側ロータリー。大阪万博の際には、同じデザインの歓迎塔が建てられた。右の写真の歓迎塔足元には、まだ工事の人がいる。(上＝西駅前町、右＝永代町・昭和45年・撮影＝田村文男氏)

阪急本通、カラー舗装記念パレード

前年にアーケード化を果たした阪急本通商店街は、この年から足元がカラータイル舗装となった。上の写真は完成を記念するパレード。右の写真、東端の長崎屋前で記念撮影。（別院町・昭和55年・提供＝茨木市）

全国交通安全運動のパレード

上の写真は秋のパレード。元町のニチイの前で、バトンガールたちも含め、立ち止まって歩行者に呼びかけを行う。右の写真は春の写真。パレードは心斎橋商店街入口にさしかかる。
(元町・昭和53年・提供＝茨木市)

児童愛護旗伝達鼓笛パレード

通学などの際に使われる鳥のマークの黄色い旗は、昭和35年に大阪府が制定。知名度を上げるためか、小学生による「伝達鼓笛パレード」が行われた。上の写真で高橋筋（駅前通り）を通った玉島小学校の児童たちが、左の写真では国鉄駅前を北上する。（駅前・昭和37年・提供＝玉島小学校）

北辰中学校への通学バスの開通式

昭和37年に清溪中学校と忍頂寺中学校が統合され北辰中学校となったが、校舎は統合されず分校として並立していた。この年やっと千提寺に新校舎ができ、通学バスが通ることに。写真は忍頂寺小学校前での開通式。奥にボンネットバスが出発を待つ。（忍頂寺・昭和39年・提供＝忍頂寺小学校）

中央公園にヘリコプター

商店街のサービスで、中央公園にヘリコプターを呼んで、子どもを乗せてくれたことがあった。上の写真、旧茨木川堤付近で浮上するヘリコプター。右の写真は、乗せてもらった女の子による撮影。(駅前・昭和38年頃・提供＝山口紅葉堂本店)

銭湯から戻る力士たち

大相撲春場所(大阪場所)のあいだ、力士たちは茨木別院を宿舎にしていた。稽古後、銭湯に行った力士たちが、茨木別院に戻ってくる。右奥に、昭和46年に誕生した第一勧銀の標柱がある。(別院町・昭和50年前後・撮影＝梶本恭孝氏)

茨木別院で相撲の稽古

場所中は境内に小屋掛けして、中に土俵を作る。小屋の横の布を巻き上げ、見学者に稽古を披露。土俵上の二人はひょろひょろしており、入門間もない若手か。(別院町・昭和50年前後・撮影＝梶本恭孝氏)

力士と園児たち

茨木別院内の茨木保育園(いばらき大谷学園)の園舎脇で、力士が四股を踏む。下駄箱によりかかった園児たち。左の子は慣れたもので、力士を見つめてもいない。(別院町・昭和50年前後・撮影＝梶本恭孝氏)

国道171号を行く国体旗リレー

この頃の国体旗は、開催県内だけでなく、開催地から次の開催地までリレーされていた。岐阜から大分へ向かうリレーが、国道171号、清水付近を通過する。豊川中学校の生徒だろうか、旗を広げて公道を走る。(清水付近・昭和41年・提供＝豊川中学校)

アムステルダム五輪壮行パレード

旧制茨木中学（茨木高校）の生徒たちが、同校の五輪選手を送る。プラカードに「萬國オリムピック大會」「入江君」「高階君」の文字。入江稔夫は背泳ぎの、高階富士夫は飛込みの選手。入江はこの大会は4位で、続くロスアンゼルス大会で銀メダルを獲得する。（新庄町付近・昭和3年・提供＝茨木高校）

浪商高校の甲子園出場を激励

牛島投手、香川捕手を擁し、春の選抜に出場する浪商高校を、市役所で激励。この時は部屋が狭く、一列に並んで写真が撮れなかった。翌年の激励会には広い部屋を用意し、横一列に並んで写真を撮っている。（駅前・昭和53年・提供＝茨木市）

昭和30年のメーデー

この頃の国鉄茨木駅東側は広場となっており、メーデーのデモの集合場所にも使われた。上の写真のプラカードに「アジアの平和は吾々の手で」とある。朝鮮半島は前々年までの戦争で分断され、フランスが手を引いたベトナムには、この年からアメリカが直接援助を始める。(駅前・昭和30年・提供＝三島小学校)

第50回メーデー

集合場所は中央公園グラウンドになっている。「第50回メーデー」という帽子をかぶった亀の張りぼての左に「一般消費税反対」とある。この年大平正芳首相は一般消費税導入を掲げた選挙に敗れ、自民党は過半数を割った。(駅前・昭和54年・提供=茨木市)

着ぐるみで、投票を呼びかけ

阪急南茨木駅の歩道橋上。市長選と市議選の同時選挙への投票を、着ぐるみで呼びかける。興味津々なのは、投票権のない子どもたち。奥に阪急の駅舎と看板が写る。(天王・昭和55年・提供=茨木市)

国鉄貨物引込線建設反対運動

昭和43年に事業計画が発表された国鉄貨物引込線は、周辺住民の建設反対運動を引き起こした。写真は計画発表10年後、いまだマンションに掛かる反対アピール。しかしこの翌年、工事は着工された。(国鉄貨物引込線沿線・昭和53年・提供＝茨木市)

追手門学院建設によるダンプ、バス通行への抗議

追手門学院大学の建設は、田園地帯を工事用ダンプと通学バスが行き来することを意味した。運行ルートの沿道では、大型車両の通行に対する抗議が行われた。昭和42年4月に通学専用道路が完成したことで解消した。（西安威付近・昭和41〜42年・提供＝追手門学院大学学院志研究室）

阪急茨木市駅付近の学生デモ

昭和43年をピークとする学生運動は、やや遅れて大学から高校に飛び火した。上の写真、地元の複数の高校の旗が振られる、高校生のデモ。右の写真にあるように、デモ隊を超える数の警官が取囲む。(別院町・昭和43年頃・提供＝関西大倉学園)

茨木高校の卒業式闘争

ヘルメットとタオルで顔を隠し、講堂のバルコニーで旗を振って演説。左端の立看板上部に「卒業」「全学」と見える。後者はおそらく「全学斗争委員会」。(新庄町・昭和44年頃・提供=茨木高校)

春日丘高校の学園紛争

服装と立看板から、4月28日の国際反戦デーだと思われる。校門前でのアピール。同校は前年後期の生徒会役員選挙が紛糾し、生徒による「有志生徒総会」が開かれた。写真は卒業アルバムに残され、ある意味学校側の度量を示す。(春日・昭和47年・提供=春日丘高校)

時代を映す仮装

運動会の仮装は、時代を映す。上の写真は新制茨木高校の「乞食の行進」。敗戦後3年、まだ闇市があり、米は配給制。同校はこの年、新制高校になった。右の写真は東中学校の「3億円犯人時効達成」のプラカード。年末に公訴時効が成立した。（上＝新庄町・昭和23年・提供＝茨木高校／右＝末広町・昭和50年・提供＝加藤穣慈氏）

太陽の塔の張りぼて

昭和45年の大阪万博には日本中が熱狂した。茨木市ではこれに合わせた中心部の都市改造が行われるなど、具体的な影響も大きかった。茨木高校の体育祭には、大きな太陽の塔が登場する。(新庄町・昭和45年頃・提供=茨木高校)

国鉄安威川鉄橋南。台車ばかりの貨物列車が通過する。
〈東宮町〜庄・昭和25年・提供＝大谷博氏〉

第6章 ◆ 交通と経済
鉄路・道路・産業

　本章は茨木市の交通と経済について取り扱っている。交通は鉄道と道路。経済は農業、工業、商業と、娯楽産業である。
　鉄道はまず国鉄（JR）を取り上げ、次ページより、国鉄茨木駅の戦後、戦前の姿を掲載した。出来事寄りの写真として、修学旅行の出発風景を添えた。次いで視線を阪急に移し、阪急茨木市駅と、その南北の線路沿いのようすを並べた。その後、阪急の鉄橋の写真を掲載し、大阪モノレール茨木駅（宇野辺駅）の写真でもって、鉄道部分を終えた。
　道路はまず、名神高速道路、近畿自動車道など高架のある風景を置いた。続いて学校前の横断歩道や幼稚園の交通教室など、教育機関の対応の中に、昭和30年代以降のモータリゼーションの進展を映した。最後にバス旅行への出発風景を載せた。
　産業は、第1次、第2次、第3次産業を、数字順に並べている。農業は稲作を先に、茨木特産のウドや庭先での養鶏なども掲載している。工業は松下、東芝などの大工場から、瓦工場や炭焼きなどまでを扱う。第3次産業は、商店街や小規模デパートから小売店までの流通業を掲載し、最後に娯楽産業として、いまはない映画館の写真を載せた。

国鉄茨木駅東口

瀟洒な腰折れ屋根（マンサード）の駅舎を南側から撮影。駅舎北は右端の塔を中心に小さなロータリーになっており、バスが停まる。国鉄の市街地部分は長く「省線」と呼ばれ、かつては「省線の茨木駅」だった。(駅前・昭和41年・撮影＝田村文男氏)

国鉄茨木駅東口、新旧の駅舎

昭和44年に奥に見える新駅舎が完成、駅は橋上駅となった。その手前に解体前の旧駅舎。奥の駅舎には平成27年から今年（同30年）にかけて、リニューアル工事が施された。(駅前・昭和45年・撮影＝田村文男氏)

国鉄茨木駅西口

破風の窓の取り方など、東口駅舎のデザインに通じるものがある、西口駅舎。駅の西には新池が広がっていた。春日丘高校の生徒たちが通学する。(西駅前町・昭和33年・提供＝春日丘高校)

国鉄茨木駅に停まる蒸気機関車

煙を吐くC51形蒸気機関車。低いプラットフォームには茨木高等女学校(春日丘高校)の生徒たちが制服・制帽姿で並ぶ。機関車奥に東口駅舎が見える。(駅前・昭和7年・提供=春日丘高校)

国鉄茨木駅ホーム

プラットホームの、屋根のない部分。客車が写る。右に立つ駅名板には、ひらがなを右から左に記す。ホーム中央部は砂利敷き。灯火のデザインが美しい。（駅前・昭和5年・提供＝春日丘高校）

国鉄茨木駅、東口の待合室

178ページの駅舎の内部。手前が入口ホールで、奥はベンチが置かれた待合室。左側、入口には傘を持った女学生。待合室奥に中折れ帽の男性が立っている。（駅前・昭和6年・提供＝春日丘高校）

国鉄茨木駅東口駅舎南側

奥にプラットフォームが左右に伸び、電化柱が架かる。東海道本線の京都〜吹田駅間は昭和12年に電化された。藤棚がある右の小屋は、駅の関連施設だろう。（駅前・昭和25年・提供＝大谷博氏）

国鉄茨木駅、修学旅行の見送り

上の写真は線路東側。左奥にプラットフォーム。人混みは手前から、見送りの保護者、女子生徒、男子生徒。西中学生が東京から鎌倉を巡る修学旅行に出発する。右の写真、男子生徒が車窓から頭を突出す。（駅前・昭和30年・提供＝西中学校）

阪急茨木市駅周辺

駅北側から南向きに撮影。この頃、改札は西側にしかない。当時の国鉄茨木駅と同じく、駅舎は腰折れ屋根。駅舎右に赤い屋根の電話ボックスが写る。昭和3年以来の茨木町駅は同23年に茨木市駅になった。（永代町・昭和40年・撮影＝田村文男氏）

建設中の阪急茨木市駅東口

大阪万博に向けた中心市街改造の一環として、駅には東口が設けられた。建物は工事中だが、すでに券売機は作動。改札に駅員はおらず、券売機の手前に立つ。阪急の高架化は、昭和末から平成初めにかけて行われた。(双葉町・昭和43年・撮影＝田村文男氏)

阪急茨木市駅北側踏切付近

駅北の踏切から阪急本通り商店街方向。奥に十三信用金庫の広告塔が立つ。まだ商店街はアーケード化されていない。踏切左側に警手小屋がある。(永代町〜別院町・昭和41年・撮影=田村文男氏)

阪急茨木市駅南西側付近

砂利道に乳母車の母子。阪急の電化柱の足元左に木の柵が見える。この頃はまだ、正式名称は「京阪神急行電鉄」。茨木別院の南側、道路沿いの家屋の裏には田が広がっていた。(別院町・昭和36年頃・提供=加藤穣慈氏)

阪急安威川鉄橋付近の河川工事

上の写真、安威川鉄橋を阪急の2800形特急用車両が渡る。手前から左にかけての工事のようすは、左の写真がよく分かる。右端に阪急の鉄橋があり、左端は千歳橋である。(戸伏町・昭和48年・撮影＝田村文男氏)

千歳橋越しに見える阪急車両

安威川左岸の堤防上。千歳橋越しに、3両連結の阪急車両の通過が見える。水の流れた跡のある、荒れた土の道を男の子が行く。（庄～戸伏町・昭和39年・提供＝小川知三氏）

大阪モノレール茨木駅（宇野辺駅）

左の写真、大阪モノレール宇野辺駅は、平成2年の開業時には茨木駅だった。平成9年、大阪空港駅への延伸にあたって改名された。上の写真、開業時には5駅しかない。
（宇野辺・平成2年・提供＝大阪モノレール）

東名高速道路と接続する前の名神高速道路

昭和43年1月の撮影。この年4月に東名高速道路と接続する。名神高速道路の尼崎〜栗東IC間は、日本初の高速道路として昭和38年に開通した。全線開通は昭和40年である。（西太田町付近から北西方向・昭和43年・提供＝関西大倉学園）

建設が進む近畿自動車道

横江付近。翌年の大阪万博に間に合わせるため、突貫工事中。門真〜吹田IC間の、いまの上り線部分だけ先に完成させて、2車線で車を通した。同区間の4車線化は昭和47年になる。（横江付近・昭和44年・提供＝中井貢様）

玉島小学校脇を通る十三高槻線

運動場の奥に都市計画道路十三高槻線の橋梁が立上がる。十三高槻線のこのあたりは昭和47年頃に工事があった。いまだに全線開通はしていない。
（玉島・昭和55年・提供＝玉島小学校）

春日小学校前の信号と歩道橋

上の写真、春日小学校前の産業道路（府道14号）に信号ができた。自動車に向けて「学童用押ボタン式」と掲げる。右の写真、その後、信号は歩道橋に代替された。たしかに、より安全ではある。
（上穂東町・上＝昭和39年、右＝昭和43年・提供＝春日小学校）

三島小学校前の横断歩道

細い白線を2本引いただけの、車からは見えにくい横断歩道。左に横断歩道を示す標識が立つ。高学年の児童が旗を持ち、集団下校の列が渡る。(三島町・昭和30年・提供=三島小学校)

茨木幼稚園の交通教室

園庭に線が引かれ、練習用の小さな信号機。保護者が手を引いて、園児と信号を渡る。交通教室は、自動車事故の多発が「交通戦争」といわれた、昭和30年代中期から広まった。
(片桐町・昭和46年・提供=茨木幼稚園)

土の国道171号にボンネットバス

清水にあった豊川中学校から、舗装されていない国道171号へ、坂道を下りてきたところ。ボンネットバスが4台停まる。添書きはないが、同校の修学旅行だろう。（清水・昭和20年代・提供＝豊川中学校）

玉櫛小学校、修学旅行に出発

バスで修学旅行に向かう児童たちを、保護者がお見送り。写真右側には和服やスーツ姿が多い。左側は草の生えた斜面になっており、旧茨木川堤防と思われる。（水尾・昭和41年・提供＝玉櫛小学校）

割烹着で、お見送り

茨木幼稚園から遠足に行くバスを、お母さん方がお見送り。ねんねこや割烹着姿が多い。この頃はまだボンネットバスもあるが、フロント部がまっすぐな車体になっている。（片桐町・昭和30年頃・提供＝茨木幼稚園）

春日の田で牛耕

牛に木製の犂を付け、人が乗って曳かせる。牛に結んだ綱に、子どもが手を伸ばす。昭和30年代後半からは耕耘機が普及し、牛耕は姿を消していく。(春日・昭和25年頃・提供＝森脇元宏氏)

踏み車による灌水

水路より高い農地に、踏み車で水を揚げる。郡山宿本陣の方から市の文化財資料館に提供された写真だが、場所は確定できない。（茨木市内・明治36年・提供＝梶洸氏）

種籾播き

春になり水がぬるむと、その年の米作りがスタートする。種籾に水を吸わせ、苗代を作り、種籾播き。人が集まっての作業に、子どもがはしゃぐ。（茨木市内・明治36年・提供＝梶洸氏）

ウド小屋でのウド栽培

春野菜のウドは、小屋の中で陽をさえぎって育てられる。「三島ウド」は茨木の特産品。いまは千提寺が栽培の中心だが、上の写真は太田。小屋は右奥にも見えている。右の写真はウド小屋の内部。(上=太田・昭和60年・提供=中井貢氏／右=茨木市内・大正〜昭和初期・提供=春日丘高校)

庭先での養鶏

大量飼育でなく、自家用でなく、庭先での養鶏も行われていた。庭に放つのではなく、ケージ飼いにはなっている。(春日・昭和29年頃・提供＝森脇元宏氏)

藁で縄をなう

藁を撚って縄をなう作業が、この頃には足踏み機械で行われている。座る人物の右後ろにできあがった縄がきれいに積んである。基本的に自家用。(西河原・昭和29年・提供＝松田博一氏)

松下電器産業（パナソニック）茨木工場

昭和28年に誘致が決定し、33年に生産を開始した松下電器のテレビ工場は、市域への大企業誘致の嚆矢となった。地名まで「松下町」となったが、平成26年に撤退。跡地はヤマト運輸の物流施設になっている。（松下町・昭和35年・提供＝パナソニック株式会社）

東京芝浦電気（東芝）茨木工場

昭和36年に完成した東芝の工場では、冷蔵庫が生産された。松下と同様地名に名を残すが、平成19年に撤退。平成29年になって、跡地利用が動き出した。（太田東芝町・昭和60年代～平成初期・提供＝株式会社東芝）

下穂積の日東電工茨木工場

大正7年に東京大崎で設立された日東電工は、昭和16年に下穂積の水谷ペイントを吸収合併して茨木工場とした。昭和20年、東京の本社・工場が東京大空襲により全焼したため、翌年から茨木工場を本社とする。現在は生産は行わず、本社機能と研究、人財育成の拠点となっている。（下穂積・昭和43年・提供＝日東電工株式会社）

田中町にあったダイハツディーゼル

昭和41年にダイハツ工業から分離独立したダイハツディーゼルは、その後ダイハツディーゼルNHNとなり、本社は当地にあった。写真右奥、看板塔右手に写る工場建物には、二輪車「ツバサ」のロゴが掲げられていた。
（田中町・昭和44年・撮影＝田村文男氏）

浜口商店のハンカチ工場とトラック

大正から昭和に改元される前後、旧制茨木中学（茨木高校）に接して、ハンカチの縫製工場ができた。上の写真は校庭からの撮影。東北方向と思われる。右の写真、トラックに「ヨット印ハンカチーフ」「濱口商店」とある。（新庄町・昭和初期・提供＝松田敏雄氏）

浜口商店のハンカチ工場内部

左の写真は縫製現場。割烹着姿がミシンの前に並ぶ。工場は女性労働力が支えていた。下の写真は完成品の検品・梱包か。（新庄町・昭和初期・提供＝松田敏雄氏）

耳原にあった瓦工場

瓦辰・三ツ柳製瓦工場。上の写真は瓦を焼く窯。焚き口に薪がくべられ、煙が上がる。右の写真、建物との比較で窯の大きさが分かる。左手前では焼く前の瓦が並べて干されている。
（耳原・昭和39年・提供＝三ツ柳明紀氏）

下音羽の炭焼き

薪炭作りは山間部の副業として重要だったが、この頃にはさすがに少なくなっている。写真は下音羽か。奥に土を盛りあげた窯があり、木をくすべて炭にする。（下音羽・昭和49年・撮影＝梶本恭孝氏）

下音羽の寒天作り

冬場の寒天の製造は、明治初期には平野部でも行われたが、やがて山間部に収束していく。写真は当時市内に1戸だけ残っていた寒天農家。ところてんのように押し出して広げ、凍らしては溶かすことを繰返す。（下音羽・昭和53年・提供＝茨木市役所）

総持寺本通商店街

現在のように路面がタイル貼りにはなっていないが、ぎっしりと店舗が並ぶ。上段写真は商店街南端から北向きに撮影。右奥に、現在もある「ねぼけ」の看板。右の写真は商店街の中から南向き。（中総持寺町・昭和55年・提供＝茨木市役所）

大池に茨木ニューデパートがオープン

上の写真、バルコニーに開店祝いの花輪が並ぶ。2階に家具屋の、1階に寿司屋の看板。左の写真は並木町からの撮影。開店祝いのアドバルーンが上がる。左に大池小学校の校舎がある。（大池・昭和40年・撮影＝田村文男氏）

山口紅葉堂本店

心斎橋商店街東側、いまも営業を続ける婦人雑貨のお店。店頭のご主人はロイド眼鏡にタックの多いズボン。背後の女性は麦わら帽に下駄履き。(元町・昭和35年頃・提供=山口紅葉堂本店)

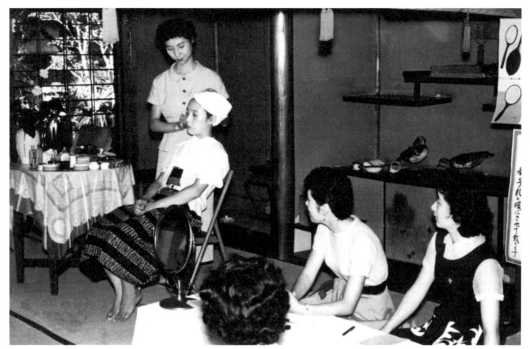

奥の座敷でお化粧教室

左ページの山口紅葉堂本店。この頃は化粧品メーカーが、小売店に人を送って美容講習をしていた。お店の奥、床の間のあるお座敷で、ご婦人方がお化粧の実習。（元町・昭和35年頃・提供＝山口紅葉堂本店）

ビクター毛糸の宣伝車

毛糸や化粧品の販売には、宣伝車も使われた。市街中心部から周辺に向けて、派手な車が出て行く。行く先々で、子どもに持ち手のついた風船を配ったりしていた。ニッケビクター毛糸はいまもある。（茨木市内・昭和32年頃・提供＝山口紅葉堂本店）

昭和30年代の虎谷誠々堂書店

心斎橋商店街南西端。いまはお店は阪急茨木市駅ビル内にあるが、この頃は現在事務所ビルがある場所がお店。上の写真は商店街側外観。左の写真は当時の店内。

（元町・昭和35年頃・提供＝虎谷誠々堂書店）

昭和初期の虎谷誠々堂書店外観

左ページ上段の建物。この頃建て直しており、あるいは竣工時の記念写真か。右の博文館日記の幟の左に、大正14年創刊の雑誌・キングの広告札が下がる。（元町・昭和初期・提供＝虎谷誠々堂書店）

昭和20年代の虎谷誠々堂書店内部

左の雑誌の棚の下段に、昭和21年創刊の日本版リーダーズダイジェストや、昭和25年創刊のカメラファンがある。右は丁場。店内は白熱灯が照らす。（元町・昭和20年代・提供＝虎谷誠々堂書店）

書店・堀廣旭堂

大手町にいまもある老舗書店。場所の移転は46ページを参照。上の写真、虫籠窓の前に掛かる店名の額は、ビルになったいまも壁を飾る。左の写真、下駄履きの小僧さんたちが自転車に荷を積む。(大手町・上=昭和43年、左=昭和初期・提供=堀廣旭堂)

映画館前の茨木高校生

生徒たちは、制服で通う。茨木神社はす向かいの茨木大映だろうか。制作側と配給側の対立で配給が見送られた映画「ひろしま」のポスターが、窓口右手に貼ってある。(大手町・昭和28年・提供＝茨木高校)

本町の茨木東映

茨木東映は、本町通の商店街を折れて少し入ったところにあった。モダンな外観の小さな映画館だったが、平成17年に閉館した。(本町・平成10年・撮影＝田村文男氏)

少女の家の小さなお稲荷さん。敷地はマンションとなったが祠は現存。〈元町・昭和34年頃・提供=山口紅葉堂本店〉

第7章 ◆ 民俗 I 社寺と祭り

　本章と次章では、民俗関連の写真を扱っている。本章は社寺とその催事を、次章は日々の生活を主題としている。

　本章ではまず、その知名度からしても立地からしても茨木を代表する宗教施設といえる、茨木神社を取り上げる。ここでは建物の変化よりも、祭りとそこに集う人たちのようすを見てもらおう。同社の夏祭りや十日戎には「市民の祭り」の趣がある。

　次いで、中心市街とその北側の社寺を、おおむね反時計回りにたどっていく。中央通りに面する茨木別院から、その東北の総持寺へ。西河原の西光寺から耳原の法華寺を経て、北の阿爲神社へ。その後、西南に飛んで、茨木辯天・冥應寺に到る。茨木辯天の諸殿の建設は昭和30年以降のものだが、花火や遠足などで、すっかり市民に親しまれる存在になった。

　ここで、構成上の区切りとして、キリスト教関連の教会と寺院をはさんだ。

　そのあとは、中心市街の南東側の社寺を、阪急茨木市駅東南へとたどっていく。佐奈部神社から、溝咋神社を経て、沢良宜神社へ。さらに沢良宜神社の「大宮」に対して「小宮さん」と呼ばれる道祖神社へ。最後に、現在は葦原小学校の横にある葦分神社に到って、本章は終了する。

戦前の茨木神社の枕太鼓

人でいっぱいの高橋筋（中央通り）が、奥で別院に突当たる。7月13～14日に行われる夏祭りの夕刻。通りの建物の変化に比べ、枕太鼓は現行に変わらないように見える。（大手町～別院町・昭和11年・提供＝加藤穣慈氏）

茨木神社の神輿

別院町、高橋筋（中央通り）南の通り。夕陽を浴びて神輿が通る。手前は開放的な民家の庭。通り向かいに瓦屋根の家々が並ぶ。（別院町・昭和30年代・提供＝加藤穣慈氏）

枕太鼓がトラックで出発

茨木神社から高橋筋（中央通り）に上がったところ。枕太鼓がトラックで出発する。祭りは世に連れ。右奥は当時の茨木保健所。（元町・昭和43年・撮影＝田村文男氏）

茨木神社、本殿とだんじり

昭和4年、昭和天皇の御大典記念事業として、本殿の大改修が行われた。完成した本殿前でだんじりとともに記念撮影。中央の子どもだけ衣裳の色が違う。(元町・昭和4年・提供＝茨木神社)

茨木神社の御田植祭り

茨木神社は神饌田を持っており、毎年6月に御田植祭りが行われた。奥左に鳥居があり、堤防上にも見物人が並ぶ。茨木川上流か。田の周囲では衣裳を揃えた童女が並び踊った。(茨木市内・昭和4年頃・提供＝茨木神社)

茨木神社の十日戎

福娘が撒く福餅に、人が群がる。この頃の福娘は芸妓が務めた。雨天には見えないが、参道にビニールで屋根がかけられている。（元町・昭和53年・提供＝茨木市役所）

茨木神社に初詣

お兄ちゃんはお面を、弟は風船を買ってもらった。お母さんと弟は正装なのに、お兄ちゃんだけふだん着に近い。旧茨木川堤防からの撮影で、後ろに神社の建物が見える。（元町・昭和26年・提供＝大谷博氏）

大谷別院東側

現在のソシオⅡ西側からの撮影。タクシー会社の青空車庫の向こうに、大谷別院の傷んだ土蔵。その奥から右に本堂や庫裏が写る。本堂は昭和56年に大修理が行われた。（別院町・昭和39年・撮影＝田村文男氏）

大谷別院、茨木保育園の運動会

茨木保育園は認定こども園に改組され、いまはいばらき大谷学園。上の写真の右側に、下の写真の場所が続く。道路の拡幅や建物の改築などで、境内のようすはずいぶん変わった。(別院町・上=昭和38年・提供=加藤穣慈氏／右=昭和42年・提供=中野彰人氏)

総持寺南側

上の写真は昭和43年の、左の写真は明治40年の、総持寺南側。明治期には田の中の道がそのまま階段につながる。総持寺は昭和45年に本堂が改修された。(総持寺・上=昭和43年・提供=総持寺／左=明治40年・提供=茨木高校)

総持寺境内に憩う

現在のきれいに整備された境内とは異なり、草が生える。「桜花のもと」と添書きされた下の写真では、座ってお弁当まで広げている。
（総持寺・左＝昭和38年、下＝昭和11年・提供＝加藤穣慈氏）

総持寺、姫塚

総持寺境内の北東にある総持寺開山藤原山蔭の室、息女の墓所。俗に女郎山と呼ばれる。西側からの撮影。現在は住宅に囲まれている。（総持寺・昭和40年・提供＝総持寺）

西光寺、鐘楼落慶

現在の西河原公園南の、西光寺。鐘撞き堂に僧侶や、烏帽子をかぶり狩衣を着た奏楽員。下には門信徒の方々が並ぶ。落慶法要の記念写真と思われる。(西河原・昭和10年・提供=松田博一氏)

法華寺、稚児行列記念

耳原古墳南東の法華寺。やっと立ったぐらいの子もいる、稚児行列の記念写真。うしろの建物に、幔幕が掛かっている。（耳原・昭和5年頃・提供＝虎谷誠々堂書店）

常稱寺、花祭りの稚児行列

常稱寺は阪急総持寺駅南側、総持寺本通商店街そばのお寺。そこから花祭りの稚児行列が出ている。右奥の柵は、阪急の線路だろうか。（中総持寺町・昭和34年・提供＝三ツ柳明紀氏）

阿爲神社、春祭りの参拝

左側に春祭りのお神輿が置かれる。安威小学校の生徒たちが、お祭りに合わせてお参りに来た。柄の揃った、丈の短い筒袖を来た子どもたちがいる。(安威・昭和7年・提供＝安威小学校)

阿爲神社、春祭りの神輿巡行

安威村内の巡行に向けて、神輿が神社鳥居を出る。前を行く羽織袴の男性たちは山高帽をかぶる。現在5月3〜4日に行われる同社の例大祭は、この頃は5月7〜8日に行われていた。（安威・昭和7年・提供＝安威小学校）

茨木辯天への階段

辯天宗冥應寺（茨木辯天）は、昭和30年秋に、先に桔梗殿が建った。翌年さっそく茨木幼稚園の園児たちが遠足に向かう。後方、西中学校とのあいだに、まだ名神高速道路はない。（西穂積町・昭和31年・提供＝茨木幼稚園）

茨木辯天、本殿落慶

昭和39年になって、左奥に写る本殿が落慶した。その前の土手の上も下も人また人。157ページの写真のステージが写真外右手にあり、人々はは皆右を向いている。（西穂積町・昭和39年・撮影＝田村文男氏）

西中学校を見下ろす万国戦争受難者慰霊塔

運動会で棒倒しをする生徒たちの左奥に、球体を配した冥應寺の慰霊塔。この塔は昭和33年、のちに日本船舶振興会（日本財団）会長となる笹川良一が建てた。（西穂積町・昭和36年・提供＝西中学校）

日本キリスト教団茨木教会の教会堂

同会の初代教会堂は、大正14年、永代町に建った。上の写真の2代目は、昭和10年、西駅前町に献堂。右の写真、昭和63年に建った当代は、いまは手前にマンションが建っている。（上＝西駅前町・昭和50年前後／右＝春日・昭和63年頃・提供＝日本キリスト教団茨木教会）

隠れキリシタンの墓碑がある高雲寺

下音羽にある高雲寺は曹洞宗の寺だが、境内にひっそりとキリシタンの墓碑がある。大正8年に墓碑が確認され、その後の隠れキリシタン遺物の発見につながった。(下音羽・昭和44年・撮影=田村文男氏)

整備中の佐奈部神社

右端手前が府道138号並木町交差点。手前の神社の森は整備中で、左奥の社殿まで素通しで見える。正面奥の建物のところは現在花たちばな認定こども園。(稲葉町・昭和41年・撮影＝田村文男氏)

溝咋神社一の鳥居付近

同社には長い参道があり、参道南側入口に一の鳥居、境内入口に二の鳥居がある。上の写真は明治後期の、右の写真は昭和後期の、一の鳥居付近。(星見町〜五十鈴町・上＝明治40年・提供＝茨木高校／右＝昭和53年・撮影＝田村文男氏)

沢良宜神社にお宮参り

沢良宜神社南側の参道に、うっそうと木が繁る。右側に茨木川の土手が高い。生まれた子を抱えて、お宮参り。奥に、神社の石段が写る。(沢良宜東町・昭和17年・提供＝中井晃氏)

旧茨木川堤越しの沢良宜神社

神社本殿は堤防とほぼ同じ高さ。道に土が何カ所も積まれ、整備中のようである。旧茨木川にはゴミが捨てられている。（沢良宜東町〜美沢町・昭和40年・提供＝中井貢氏）

沢良宜神社西側のマンション建設

手前は旧茨木川。左端に沢良宜神社が写る。南西向き。建設中のマンションは、昭和45年に分譲された美沢ハイタウンだろうか。その奥の近畿自動車道も昭和45年の開通である。（美沢町・昭和44年・撮影＝田村文男氏）

道祖神社(水神社)に初詣

高浜町にある道祖神社は、沢良宜神社の大宮に対し、「小宮さん」と呼ばれて親しまれている。地元では初詣もお宮参りも、両社に参ることが多いようだ。(高浜町・昭和41年・提供＝中井貢氏)

道祖神社の鎮守の森

旧茨木川堤の道の奥に道祖神社の森。道には石が並べられている。和服に割烹着のおばあちゃん相手に、女の子がぐずっているようだ。(高浜町・昭和43年・提供＝中井貢氏)

島の葦分神社付近

現在の葦原小学校東側から撮ったようだ。奥に葦分神社の鎮守の森。手前の田から右手に、昭和49年になって葦原小学校が開校する。(新和町〜島・昭和42年頃・提供=中井貢氏)

乳母車からお母さんを呼ぶ。母は買物籠に下駄履き。
〈別院町・昭和36年頃・提供=加藤穣慈氏〉

第8章◆民俗Ⅱ 子どもの領分

　本章では、かつてあった市域での生活のようすを取扱う。今回集められた生活関連の写真を整理したところ、その多くが子どもを含むものであったことから、子どもの写っていないものは他章に移すなりして、章題は「子どもの領分」とした。「子ども」はテーマではなく結果である。

　章冒頭は「乗りもの」関連のセクションとした。内容は、乳母車を出発点に、歩行器や三輪車、自転車──と、乗り物と子どもの写真を掲載し、セクション末尾には、抱かれたり寄りかかったり、子どもが「人間に乗っている」写真を収めた。

　次いで「住居と道具」のセクションに移る。茶の間のちゃぶ台やソファ、昭和30年代に一気に流入するテレビなどの電化製品、物干し台や盥（たらい）など洗濯関連の写真を経て、庭での子どもたちのようすをもって、このセクションを終えた。

　続くセクションは「遊びと勉強」をテーマにした。家から外へ出て遊ぶ子どもたちや、読書するようすなどを見ていただこう。

　章末尾は「行事」のセクションである。初詣、端午、七夕など、家とその周囲での行事風景を掲載している。

商店街で乳母車

心斎橋商店街の山口紅葉堂本店店内から通りに向かって撮影。乳母車に収まる赤ん坊。奥は向かいの日の出商店のお菓子棚。
(元町・昭和28年・提供＝山口紅葉堂本店)

網代の乳母車

耳原のお家の庭。網代の乳母車に二人の子ども。網代部分はあるいは竹ではなくビニール類かもしれないが、枠には籐が使われている。
(耳原・昭和22年・提供＝三ツ柳明紀氏)

下井の通りで

下井の通りに乳母車でお出まし。土の道。背後の家並みの奥には茅葺きの家も見える。（下井・昭和26年頃・提供＝松田博一氏）

歩行器に座って

やっと立つかどうかというぐらいで、歩きまわるにはまだ早い。歩行器に座ると、ちょうど足が着く。歩行器は木製のように見える。(下井・昭和26年頃・提供＝松田博一氏)

ぼくのスクーター

いまはキックスケーターと呼ぶようだが、この頃はスクーターといった。おそらく鉄製で、少し重い。カメラを意識してポーズを取る。(春日・昭和23年・提供＝森脇元宏氏)

三輪車は下駄履きで

この頃の三輪車は、けっこう大きい。足袋を履いて、下駄履きでまたがる。右側は、庭の物置だろうか。(西河原・昭和28年・提供＝松田博一氏)

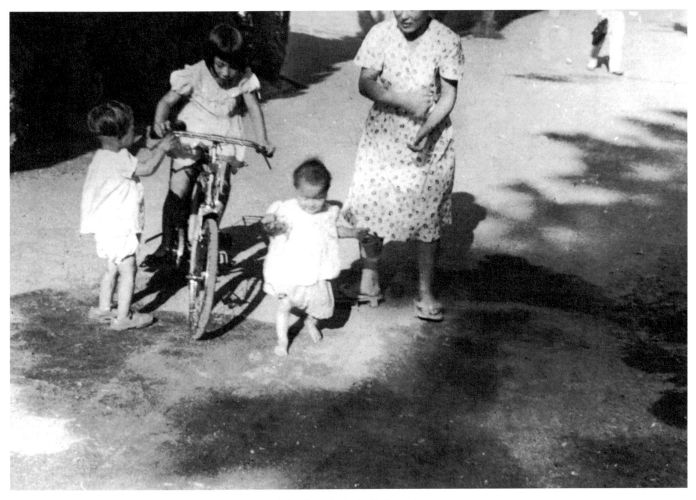

取り合いしたら危ないよ

戦前の写真。お姉ちゃんが乗る自転車に、妹がちょっかいを出す。危ないったら！ 末っ子は裸足。お母さんは下駄を履く。(別院町・昭和10年前後・提供＝加藤穣慈氏)

大人の自転車にまたがる

耳原の路上。足の着かない大人の自転車にまたがって、ちょっとポーズ。スタンドで立ててあり、乗りこなせるわけではない。（耳原・昭和39年・提供＝三ツ柳明紀氏）

荷台の籠の横で

自転車の荷台に竹の籠。その横に男の子。厚手のコートを着る。右奥におじいちゃんとおばあちゃん。おじいちゃんはゴム長、おばあちゃんは前掛け。
（西河原・昭和30年頃・提供＝松田博一氏）

おばあちゃんの腕の中で

子どもは、大人にくっついていると安心する。おばあちゃんに抱かれた赤ん坊がふり返る。心斎橋商店街の山口紅葉堂本店。背後はキャラコなどの布地が積まれる。(元町・昭和28年・提供＝山口紅葉堂本店)

ねぇねぇお母さん…

和服に割烹着のお母さんに、女の子が甘える。ねぇねぇねぇ。お母さんは、編物の最中。
(西河原・昭和33年・提供＝松田博一氏)

お父さんと、お外に座る

近所の草むらに座ったお父さんの脚のあいだに、膝を抱えて収まる男の子。学帽をかぶって、そろそろ小学校かな。(耳原・昭和30年・提供＝三ツ柳明紀氏)

ちゃぶ台の家族

丸いちゃぶ台。木のおひつ。学習雑誌用に撮影した写真。居間ではなく板間の食堂で食事をしている。左端に水屋が見える。（西河原・昭和32年・提供＝松田博一氏）

野良で家族と

手前に端のほつれたむしろが敷いてある。モンペに頬被りの女性や男の子たちは、柴の上に腰掛ける。曲げわっぱの弁当箱。野良でのお食事。(耳原・昭和34年・提供＝虎谷誠々堂書店)

ソファでお食事

ソファに座るお父さんの前に立って、5本箸でお食事。小さいから仕方ないね。昭和30年代後半になると、日常生活の洋風化が進む。(別院町・昭和38年頃・提供＝加藤穣慈氏)

茶の間にはテレビ
床の間があるので形式的には座敷なのだが、食事に使われ、機能的には茶の間。床の間の前に脚付テレビが陣取る。昭和34年に皇太子（今上）ご成婚が中継された際、一気に普及した。（元町・昭和32年頃・提供＝山口紅葉堂本店）

扇風機で涼む

裸の赤ん坊の右奥に、扇風機。かつては工業用モーターを使った無骨なものだったが、この頃には家電らしいデザインになっている。畳の部屋。左奥にガラス障子。
(別院町・昭和36年・提供＝加藤穣慈氏)

洗濯機のローラーを回す

この頃の洗濯機には、濡れた洗濯物を絞るためのローラーが付いていた。昭和29年に三洋電機が開発。絞るにはなかなか力が必要だった。なにもはさんでいなければ、軽いのだけれど。(別院町・昭和38年頃・提供＝加藤穣慈氏)

物干し台ではしゃぐ

町なかで、庭に洗濯物を干しにくい家は、2階に物干し台を付けていた。上の写真、はしゃぐ兄弟。左の写真、台風直後で、奥の建物が傷んでいる。添書きに「9月」とあり、ジェーン台風だろう。(駅前・昭和25年・提供=大谷博氏)

木の盥で行水

洗濯機の普及以前は、洗濯は木の盥で行われていた。おなじ盥で、子どもに行水をさせる。敗戦2年後の夏の撮影。(春日・昭和22年・提供＝森脇元宏氏)

籠の中に収まる

奥の右側が広縁になっており、安楽椅子が置かれている。椅子の背に洗濯物。子ども二人は籠に収まる。クッションが入っているけれど、洗濯籠ではないのかな。(元町・昭和28年・提供＝山口紅葉堂本店)

庭で鍬を振るう

庭に菜園があり、ネギの畝の前で鍬をふるう。町なかでも「うちの畑」は珍しいものではない。戦後の食糧危機によるものではなく、戦前から観賞用の庭とは別に、庭の一部は畑にしたものである。（別院町・昭和38年頃・提供＝加藤穣慈氏）

鬱蒼とした庭で

隣家の屋根が近い、板塀に囲まれた町なかの庭だが、石灯籠があり、足元は鬱蒼と草木に覆われる。ランニングシャツの少年がカメラを見つめる。（元町・昭和27年頃・提供＝山口紅葉堂本店）

お庭のプールで「シェー」

右に板塀。奥に浴衣の寝巻が干してある。庭のビニールプールで、水遊びしながら「シェー」。漫画『おそ松くん』のイヤミのポーズは、日本中を席巻した。（戸伏町・昭和41年頃・提供＝中野彰人氏）

水路で遊ぶ

田園部なら、家の近くには水路があった。木の板が渡してあるところで、兄弟が遊ぶ。フナやナマズ、ザリガニなどを取った。（春日・昭和27年・提供＝森脇元宏氏）

犬と遊ぶ

お姉さんたちが、犬を撫でている。ぼくも興味津々、撫でに行く。これは飼犬だと思うが、かつては市中には野良犬もたくさんいた。（駅前・昭和25年頃・提供＝大谷博氏）

ザリガニを飼う

ザリガニを入れた洗面器をのぞき込む。坊やは草履履き。アメリカザリガニは昭和2年、食用ガエルの餌として国内に持ち込まれ、逃げ出して日本中に広がった。都市近郊に生きる外来種である。（駅前・昭和25年・提供＝大谷博氏）

夜にはお勉強

机に教科書とノートを広げ、熱心に取組む。右手の横に筆箱。左後ろには寝巻の妹がいる。右後ろには赤ん坊用の回転ガラガラが下がる。（西河原・昭和32年頃・提供＝松田博一氏）

チャンバラ小説を読む

読んでいるのは少年漫画雑誌だと思われる。挿絵があり、チャンバラ小説のページ。少年漫画雑誌は、この頃には、読み物ページも多かった。(西河原・昭和34年頃・提供＝松田博一氏)

ねぇねぇ、これどう？

姉妹で1冊の雑誌に見入る。小学館の『小学二年生』。同誌は大正14年『セウガク二年生』として創刊され、国民学校時代等を経て読継がれたが、平成28年に廃刊となった。(別院町付近・昭和10年前後・提供＝加藤穣慈氏)

振袖でおすまし

お正月に振り袖を着せてもらって、家の前でおすまし。袋帯がおなか全体をカバー。帯は長ければ大きくなっても使える。振袖は、おはしょりを減らしながら、何歳まで着られただろう。(別院町・昭和10年前後・提供＝加藤穣慈氏)

姉妹で着物姿

心斎橋商店街、お正月の山口紅葉堂本店店内。石けんや化粧品の棚の前に、着物姿の姉妹。髪もまとめてもらって、大はしゃぎ。(元町・昭和36年頃・提供=山口紅葉堂本店)

男は、スーツです

三歳、七五三だと思われる。ビシッとスーツにネクタイ。「男はこうでなくっちゃ」とは、言わなかっただろうけれど。この頃には「男の正装は羽織袴」という感覚は弱まってきている。(西河原・昭和28年頃・提供=松田博一氏)

端午の節句飾り

床の間にたくさんの五月人形を飾る。菖蒲や御神酒徳利を立て、掛軸も桃太郎。本日の主役は脇に、ちょこんと正座する。（春日・昭和23年・提供＝森脇元宏氏）

兜をかぶって

兜をかぶって、泣いてるのかな？　おむつ姿の男の子。兜を新聞で折ったのは、お祖父さんらしい。床には他の作品も散らばる。(別院町・昭和 36 年頃・提供＝加藤穣慈氏)

七夕飾りの下で

縁側のガラス戸の内側に、七夕飾りを下げる。折り紙を切ったものや、願い事を笹に。その下に女の子。なにをお願いしたのかな。(戸伏町・昭和 41 年頃・提供＝中野彰人氏)

茨木幼稚園の運動会。お母さんの乗った車を引っ張る。
〈片桐町・昭和29年・提供＝茨木幼稚園〉

第9章 ◆ 教育
思い出の学び舎

　本章は市内の幼稚園から大学までの教育機関を扱っている。掲載は順に幼稚園、市立小学校、市立中学校とし、私学をはさんで、最後に府立高校2校を掲載した。

　幼稚園は、市立の茨木幼稚園と、私立の茨木高美幼稚園、めぐみ幼稚園の3園の掲載となっている。

　小学校は、市立の10校を載せている。市街中心部の茨木小学校からスタートし、三島小学校と春日小学校、次いで玉櫛小学校と玉島小学校を取り上げた。その後、安威小学校、福井小学校、豊川小学校を並べ、最後に清溪小学校と忍頂寺小学校を置いた。

　市立中学校はまず養精中学校を載せ、その後、西中学校、東中学校、豊川中学校の順に掲載している。

　ここで、私立校として、関西大倉学園と、追手門学院、それに、転出した浪商高校をはさんだ。章の末尾には、伝統ある府立校2校、茨木高校と春日丘高校を並べている。

　このうち市立小中学校の選定には歴史と地域性の両面を考慮する必要があり、市のまち魅力発信課と、同課を経由して教育委員会にもご助言をお願いした。ここに名を挙げて感謝を申し上げる。

土手の下の茨木幼稚園

旧茨木川堤から幼稚園を見下ろす。現在も堤跡は幼稚園より高いが、この頃はさらに高い。当時は園庭が堤に向けて開く。(片桐町・昭和29年・提供＝茨木幼稚園)

茨木幼稚園、運動会のダンス

お母さん方が、輪になって踊る。腰を絞ったロングスカートに、時代が感じられる。中央手前の女性は下駄履き。奥に旧茨木川堤がそびえる。(片桐町・昭和29年・提供＝茨木幼稚園)

茨木高美幼稚園、正門付近

園のおひなまつりに、お母さんたちが和服でやってくる。右の門柱には「茨木愛育会」とある。昭和58年に常磐会学園が引継ぎ、現在の小川町に移転した。（下中条・昭和32年・提供＝茨木高美幼稚園）

茨木教会付属めぐみ幼稚園

同園は昭和23年、国鉄茨木駅の西、現エキスポロードの南辺に掛かる土地に開園。昭和44年、春日に移転した。写真は移転後の新園舎を正門側から撮影。昭和63年には教会堂も同地に移転した。（春日・昭和44年頃・提供＝日本キリスト教団茨木教会）

茨木幼稚園が併設されていた茨木小学校

茨木小学校は明治40年、義務教育が6年間に延びるのに対応し、現在地に移転拡張された。併設されていた茨木幼稚園も、いっしょに移転。門には両者の看板が掛かる。（片桐町・明治末～昭和初期・提供＝茨木小学校）

給水塔が見下ろす茨木小学校

左から鉄筋校舎、鉄筋体育館、木造校舎が並立する。運動会の体操を、給水塔が見下ろしている。（片桐町・昭和35年・提供＝茨木小学校）

茨木小学校、七輪で家庭科

小学校の家庭科は占領下に導入されたが、学校にガス設備は整わず、料理の授業は七輪で行われていた。当時の家庭では、サンマなどは七輪を使って庭で焼いており、七輪の使用は特殊ではない。（片桐町・昭和29年・提供＝茨木小学校）

天文台のある三島小学校

この天文台は昭和29年築の2代目。初代の天文台は、明治34年築の瓦屋根の校舎に乗っていた。2代目天文台と校舎の新築を祝い、竣工翌年の七夕には、盛大な天文学習会が催された。(三島町・昭和30年・提供＝三島小学校)

三島小学校の円形プール

同校はプールにも特徴があり、四角いプールに並んで円形プールが設置された。写真はプール竣工翌年。左側の道は舗装されていない。(三島町・昭和38年・提供＝三島小学校)

春日小学校の木造校舎

プールではしゃぐ子どもたちの奥に、2棟の校舎が写る。右の校舎は、台風などで倒壊しないよう、つっかい棒のように補強材が付けられている。
（上穂東町・昭和31年・提供＝春日小学校）

春日小学校と郡小学校とのお別れ会

この年4月開校の郡小学校は、校舎の建設が間に合わず、7月まで春日小学校に同居していた。7月になってやっと分離。お別れ会が行われた。（上穂東町・昭和50年・提供＝春日小学校）

モダンな校舎のある玉櫛小学校

2階建ての校舎だけ、ル・コルビジェが設計したようなモダンな作り。昭和37年竣工の鉄筋校舎。写真右奥にはほぼ同じデザインで同35年竣工の、市内初の鉄筋校舎の平屋根だけがのぞいている。（水尾・昭和38年・提供＝玉櫛小学校）

運動会を土手から観戦

この頃の玉櫛小学校の校庭は、南西に小山があり、東側に土手があった。土手の上に立ったり、土手に座ったりしながら、運動会を観戦する。（水尾・昭和39年・提供＝玉櫛小学校）

玉島小学校、増える校舎

上下の写真に同じ校舎が写る。左側の校舎の奥に、鉄筋の校舎を増築。それでは足りず、運動場側にもプレハブ校舎がビッシリ。地域の急激な人口増がうかがえる。(玉島・上＝昭和34年、下＝昭和47年・提供＝玉島小学校)

安威小学校、運動会のダンス

子どもたちは裸足。女の子はスカート姿でダンスを踊る。左奥に2階建ての校舎。
正面奥の講堂は、つっかい棒で強化されている。（安威・昭和13年・提供＝安威小学校）

安威小学校、保護者もダンス

お母さん方ばかり横並びで、男性は参加していない。男女混合のフォークダンスは、敗戦後にGHQが導入した。奥に校地周囲の家並みが見える。(安威・昭和13年・提供＝安威小学校)

安威小学校校門前から校舎

奥に左の写真の校舎や講堂が写る。昭和6年に明治以来の校舎はすべて改築された。正門前は農地である。(安威・昭和13年・提供＝安威小学校)

福井小学校の新旧校舎

鉄筋3階建ての新校舎は工事中。木造の校舎も、まだ残っている。手前、現在福井高校がある場所に田が広がり、稲が風に揺れる。（東福井・昭和44年・撮影＝田村文男氏）

豊川小学校の木造校舎

上の写真は昭和47年。すでに鉄筋4階建ての新校舎が建ったが、古い校舎も現役。下の写真、昭和2年の増築時と思われる。人物右に入口が突き出す。(宿久庄・上＝昭和47年、下＝昭和2年・提供＝豊川小学校)

清溪小学校校舎全景

鉄筋コンクリートの新校舎を建てる前年の写真。屋内運動場はこの年に建てられた。祭日か、日の丸を掲げる。(泉原・昭和48年・提供＝清溪小学校)

清溪小学校の水泳場落成式

同校のプールの建造は、旧姓茨木中学(茨木高校)教員で、オリンピック代表監督も務めた杉本伝が監督した。完成を盛大に祝う。(泉原・大正14年・提供=清溪小学校)

清溪小学校、保護者による学校清掃

教職員の研究発表会があるため、保護者が協力。学校の清掃を行った。男性はおもに外仕事。校舎内は女性が磨いた。(泉原・昭和41年・提供=清溪小学校)

忍頂寺小学校、現行以前の校舎

同校は、昭和49年に現在の校舎が建つまでは、現在地の北西、現運動場の西半分に校舎があった。添書きに「新運動場入口より小中学校を望む」とある。運動場を共用していた忍頂寺中学校は写真より前、昭和37年にいまはない北辰中学校に統合されたが、39年春まで「忍頂寺分校」として残っていた。(忍頂寺・昭和39年・提供＝忍頂寺小学校)

忍頂寺小学校、東京オリンピック記念の人文字

前回の東京オリンピックには日本中が熱狂した。忍頂寺小学校でも校名の人文字で祝う。道が写っており、旧校舎の位置が分かりやすい。(忍頂寺・昭和39年・提供=忍頂寺小学校)

忍頂寺小学校、運動場と校舎

運動場の向こうに、建ったばかりの新校舎。運動場の整備は昭和53年になって完了する。(忍頂寺・昭和49年・提供=忍頂寺小学校)

養精中学校、かつての校舎

養精国民学校だった校舎を使い昭和22年に設立された養精中学校は、翌年占領軍の指示により校舎を明渡して東西2校に分離。それぞれ市内の新制高校に間借りした。昭和25年、もとの校舎に戻り再統合。上の写真は再統合直後。左の写真は養精西中学校が同居していた時の春日丘高校。（上＝駅前・昭和25年／左＝春日・昭和24年・提供＝養精中学校）

養精中学校の飛込プール

茨木は水泳教育の盛んな地で、旧制茨木中学（茨木高校）からは飛込競技のオリンピック選手も出た。養精中学校にも飛込プール。雄叫びを上げる（？）男子生徒を、左で女子生徒たちが見上げる。（駅前・昭和29年・提供＝養精中学校）

養精中学校、大雨の後始末

この年はとくに風水害は記録されていないが、養精中は泥田のようになったらしい。男子生徒たちが鍬やシャベルを使い、裸足で後始末。写真中央にはリヤカーが写る。（駅前・昭和29年・提供＝養精中学校）

西中学校の旧校舎

昭和26年開校の同校は、この年創立5周年。記念事業として食堂が設置された。校門奥の彫刻「若人の像」はこの前年に設置されている。（見付山・昭和31年・提供＝西中学校）

西中学校の土俵開き

同校では開校翌年に土俵が作られた。土俵開きがあり、生徒による土俵入。露天の土俵である。（見付山・昭和27年・提供＝西中学校）

西中学校、悲願の体育館建設

同校には開校以来体育館がなかったため、右の写真のように、生徒会が建設資金を募った。この生徒たちが卒業したあと、昭和34年になって講堂兼体育館が建てられる。下の写真は、用地の地鎮祭。（見付山・右＝昭和29年、下＝昭和34年・提供＝西中学校）

東中学校正門付近

同校はこの年開校した。門の向こうに木造 2 階建ての校舎。門の左右は塀でなく生垣で区切ってある。(末広町・昭和 27 年・提供＝東中学校)

東中学校、食堂の行列

どういうわけか、小さな小さな窓から食事を出す。注文もこの窓からしたのだろうか。窓の横に「きつね二十円／素うどん十五円」の貼紙。女子生徒が並ぶ。(末広町・昭和 31 年・提供＝東中学校)

東中学校、学校祭ゲート付近

ゲートの柱脇に「受付」の札を貼った机。祭りは地域の人々に開かれていた。若夫婦が出てくる。女性の背中に赤ん坊。買い物籠は男性が引き受ける。（末広町・昭和34年・提供＝東中学校）

東中学校、PTA競技

小学校ではなく中学校でも、PTA参加競技があった。着物に割烹着のお母さん方が、なにかを釣り上げようとしている。（末広町・昭和27年・提供＝東中学校）

豊川中学校、校庭への階段

同校は昭和45年まで清水の丘陵にあった。校庭と校舎に段差があり、階段を行き来する。この頃は箕面市と共同運営の「茨木市箕面市立豊川中学校」である。（清水・昭和34年・提供＝豊川中学校）

豊川中学校、卒業記念の花壇作り

この頃の同校は「花と緑のモデル学校」だった。卒業記念には、花壇を作る。生徒ではなく保護者が、土盛りを行っている。（清水・昭和39年・提供＝豊川中学校）

関西大倉学園、詰め襟の生徒たち

関西大倉学園は、昭和38年に大阪市内から茨木に移ってきた。詰め襟、学帽の高校生たち。背後に移転後の同校のシンボルともいえる、六角形校舎の塔が見える。(室山・昭和42年・提供＝関西大倉学園)

関西大倉学園、保護者の長い列

茨木への移転後初めての入校式。保護者はまずグラウンドに整列して、狭い階段を上って会場へ向かう。ほとんどが着物に羽織姿。(室山・昭和38年・提供＝関西大倉学園)

追手門学院大学、はとバスで通学

同校は昭和41年に開学した。1号館・食堂棟の落成式は4月25日。入学式は同23日に大阪市内で行った。初期の通学風景。右端にバスガイドが写る。バスの側面に「大阪はとバス」とある。(西安威・昭和41年頃・提供＝追手門学院大学学院志研究室)

追手門学院大学、建築中の食堂棟

開学の年の3月21日に撮影。大阪市内にあった高等学部の移転と、中学部の新設はこの翌年である。(西安威・昭和41年・提供＝追手門学院大学学院志研究室)

移転してきた頃の浪商高等学校

同校は昭和41年に茨木市内に移転し、平成元年に転出した。上の写真、左に特殊な構造の体育館。正面から右に校舎。現在の学園町ほぼ全域を占めていたことが、左の写真で分かる。(学園町・上＝昭和41年、左＝昭和43年・提供＝浪商学園)

整備の進む浪商高等学校

中段写真と比べると、体育館がグラウンド側に建替えられ、陸上のトラックが西に写るなど、整備が進んでいる。屋内プールに市民向け水泳教室があるなど、地域に溶け込んでいた。(学園町・昭和50年代・提供＝浪商学園)

旧制茨木中学校（茨木高校）の新旧校舎

この年3月2日竣工の新校舎が左側に写る。右に木造の旧校舎、写真は3月の卒業アルバムに間に合った。室戸台風の1年半前であり、鉄筋は先見の明というべきか。（新庄町・昭和8年・提供＝茨木高校）

旧制茨木中学校の飛込台

同校は水泳教育に力を入れたことで知られる。最初のプール竣工は大正5年。建設には生徒が従事した。その後何回も改修、拡張される。写真の飛込台は高さが10メートルあった。（新庄町・昭和6年頃・提供＝茨木高校）

茨木高校、女子のいる体育祭

旧制中学から新制高校に移行して、初めての体育祭。この年から男女共学である。同校史上初の、女子によるマスゲーム。(新庄町・昭和23年・提供＝茨木高校)

茨木高等女学校（春日丘高校）の校舎

茨木高等女学校の木造校舎群は、昭和9年の室戸台風で倒壊し、死者を6人という被害を出した。昭和12年、左の写真の鉄筋コンクリート校舎が竣工。手前、プールで泳ぐ生徒たち。添書きに「休暇中の午後」とあり、夏休み中。（春日・上＝昭和6年、左＝昭和14・提供＝春日丘高校）

三島高等女学校（春日丘高校）、家事の授業

先生は男性。生徒たちの束髪は大正期を思わせ、天井の高い教室は新しく見える。大正8年に養精高等小学校（養精中学校）から離れ、現在地に移って間もない頃か。昭和3年、校名は茨木高等女学校となる。（春日・大正中～昭和初期・提供＝春日丘高校）

茨木高女、ブランコで遊ぶ

この頃の高等女学校の生徒は現在の中学1年から高校2年にあたるが、校内施設にはブランコや、写真左端にのぞく箱形ブランコがあった。女学生たちが遊ぶ。（春日・昭和8年・提供＝春日丘高校）

交通

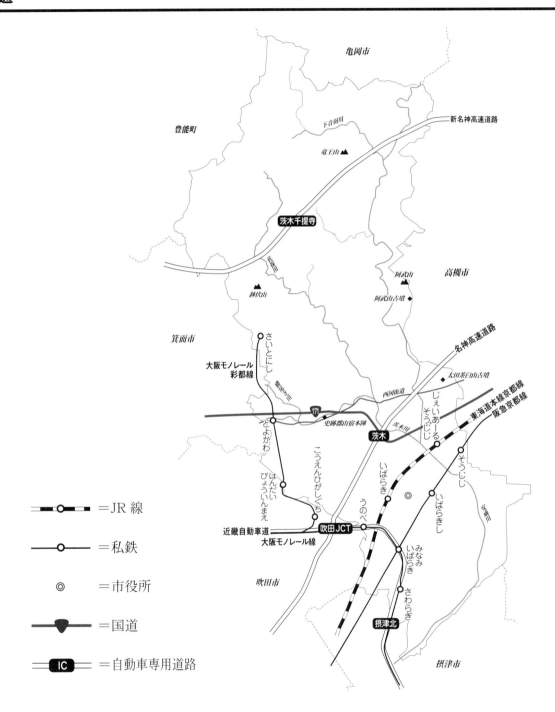

市域の変遷

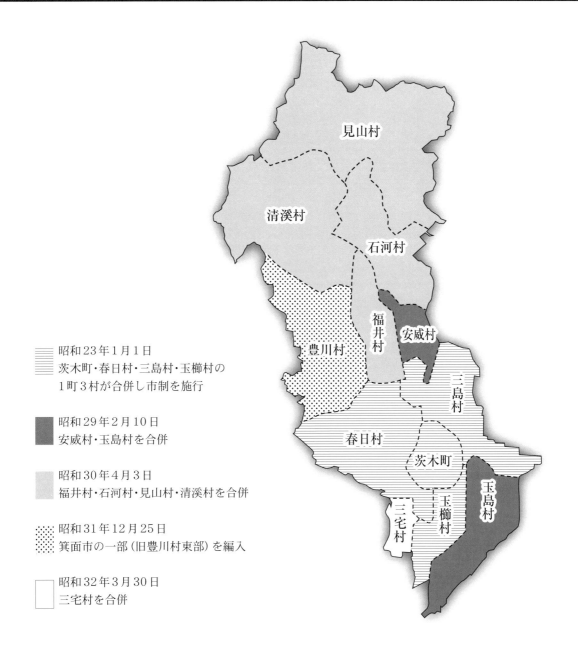

略年表

年号	茨木市のできごと	周辺地域・全国のできごと
昭和23年（1948年）	茨木町・春日村・三島村・玉櫛村が合併し、市制を施行／茨木市警察署発足／茨木市消防本部・消防署設置	サマータイム制度導入
昭和24年（1949年）	茨木川の一部が廃川となる	東西ドイツ分断／シャウプ勧告
昭和25年（1950年）	前市庁舎開庁式	朝鮮特需により経済復興／プロ野球がセ、パ両リーグに分裂／警察予備隊が創設される
昭和26年（1951年）		サンフランシスコ講和条約に調印
昭和27年（1952年）	茨木市立図書館が府立ブックステーションとして発足／市民病院開院	NHKが日本初のテレビ本放送を開始／警察予備隊が改組され保安隊が発足
昭和29年（1954年）	安威村・玉島村を合併／市警が廃止され、大阪府茨木警察署となる	第五福竜丸事件／保安隊が改組され自衛隊が発足
昭和30年（1955年）	福井村・石河村・見山村・清溪村を合併	神武景気の始まり
昭和31年（1956年）	財政再建団体の指定を受ける／箕面市の一部（旧豊川村の東部）を編入	経済白書に「もはや戦後ではない」と記載される
昭和32年（1957年）	三宅村を合併	旧ソ連が人類初の人工衛星スプートニク1号打ち上げ
昭和33年（1958年）		岩戸景気の始まり
昭和34年（1959年）	府営の上水道を導入	皇太子明仁親王ご成婚／伊勢湾台風
昭和35年（1960年）	宿久庄保育所開所	チリ地震津波
昭和36年（1961年）	交通安全都市宣言	第二室戸台風／ベルリンの壁できる
昭和38年（1963年）	春日丘水源地完成／衛生処理場竣工	
昭和39年（1964年）	人口10万人を超える／昭和3年設置の片桐町のトンガリ屋根の給水塔が役割を終える	東海道新幹線開業／東京オリンピック開催
昭和40年（1965年）	穂積配水池完成／ごみ焼却場完成	名神高速道路全線開通
昭和41年（1966年）	市民憲章制定／工業生産額が1000億円に達する	ザ・ビートルズ来日
昭和42年（1967年）	市の木カシと市の花バラが決まる	
昭和43年（1968年）	市旗制定／市民プール（現中条市民プール）オープン／南青少年運動広場（現若園運動広場）完成／ノーベル文学賞作家川端康成氏が名誉市民第1号	郵便番号制スタート／3億円事件
昭和44年（1969年）	「茨木市史」発刊／人口15万人を超える／市民会館（ユーアイホール）完成	東大安田講堂事件／東名高速道路全線開通
昭和45年（1970年）	安威川流域下水道中央処理場通水式／消防署南分署（現下穂積分署）完成	日本万国博覧会／よど号ハイジャック事件
昭和46年（1971年）	下水道安威ポンプ場完成／市総合計画策定	
昭和47年（1972年）	道祖本解放会館（現豊川いのち・愛・ゆめセンター）オープン／名誉市民川端康成氏逝去／環境保全条例施行	札幌冬季オリンピック開催／あさま山荘事件／沖縄返還／日中国交正常化
昭和48年（1973年）	合同庁舎完成／消防署北分署（現西河原分署）完成／水尾、天王の2幼稚園、天王小学校開設／老人福祉センター福寿荘（現福井多世代交流センター）オープン／総持寺保育所開所／沢良宜解放会館（現沢良宜いのち・愛・ゆめセンター）オープン／東奈良遺跡から銅鐸（どうたく）の鋳型発見	第1次オイルショック

年号	茨木市のできごと	周辺地域・全国のできごと
昭和49年(1974年)	玉島幼稚園、葦原小学校、北、東雲の2中学校開設／中津保育所開所／郡山保育所開所／総持寺解放会館（現総持寺いのち・愛・ゆめセンター）オープン／あけぼの学園オープン／自動車文庫ともしび号スタート	元日本兵・小野田寛郎少尉がフィリピン・ルバング島より帰還／巨人の長島茂雄選手が現役引退
昭和50年(1975年)	沢池幼稚園及び郡、庄栄の2小学校開設／葦原幼稚園開園／中条保育所開所／消防署北辰分署完成／人口20万人を超える／青少年野外活動センターオープン	山陽新幹線全線開通／沖縄国際海洋博覧会
昭和51年(1976年)	東雲幼稚園、沢池小学校開設／鮎川保育所開所／水尾保育所を開所	ロッキード事件
昭和52年(1977年)	清溪幼稚園開園／天王中学校を開校／茨木自然歩道オープン／保健医療センターオープン	有珠山噴火／巨人の王貞治選手が756号本塁打の世界新記録達成
昭和53年(1978年)	市民体育館オープン／畑田、山手台小学校開校／玉櫛幼稚園開園／郡保育所開所／北青少年運動場（現福井運動広場）完成	新東京国際空港（現成田国際空港）が開港／日中平和友好条約調印
昭和54年(1979年)	三島地区公民館完成／郡幼稚園、耳原小学校開設／道祖本青少年会館（現豊川いのち・愛・ゆめセンター分館）完成／青少年健全育成条例施行	第2次オイルショック／東京サミット開催
昭和55年(1980年)	老人福祉センター敬寿荘（現シニアプラザいばらき）オープン／庄栄幼稚園、西陵中学校を開校（園）／豊川幼稚園を開園／松ヶ本保育所を開所／沢良宜青少年会館（現沢良宜いのち・愛・ゆめセンター分館）完成／溶融式ごみ処理施設稼働／アメリカ・ミネソタ州ミネアポリス市と姉妹都市提携	イラン・イラク戦争始まる
昭和56年(1981年)	シルバー人材センター設立／穂積、白川小学校及び平田中学校を開校／福祉文化会館（オークシアター）オープン／第二市民プール（現五十鈴市民プール）オープン	ローマ法王初来日／中国残留孤児が来日
昭和57年(1982年)	消防署白川分署完成／東奈良小学校開校／障害者センター（現かしの木園）オープン／総持寺青少年会館（現総持寺いのち・愛・ゆめセンター）完成	東北、上越新幹線開業／カード公衆電話及びテレホンカード登場
昭和58年(1983年)	ボランティアセンター開設／北陵中学校開校／桜の苑オープン／第二市民プール（現五十鈴市民プール）に温水プールオープン	日本海中部地震／三宅島噴火
昭和59年(1984年)	文化財資料館オープン／西、西河原小学校開校／世界人権宣言茨木連絡会議結成／大池ポンプ場完成／し尿浄化槽汚泥処理施設完成／第2次総合計画を策定／保健医療センター増築工事完成／非核平和都市宣言	新紙幣発行（1万円、5千円、千円）
昭和60年(1985年)	上中条青少年センターと川端康成文学館完成／西青少年運動広場（現春日丘運動広場）完成／太田中学校開校／消防署山手台分署完成／牟礼遺跡から井堰・水田跡発見／中国・安徽省安慶市と友好都市締結／斎場（告別式場棟）開設	青函トンネル貫通／国際科学技術博覧会（科学万博−つくば'85）開催／日本電信電話公社及び日本専売公社が民営化
昭和61年(1986年)	平田地区公民館完成／防災行政無線開局／人口25万人を超える	チャールズ皇太子ダイアナ妃来日／三原山大噴火／チェルノブイリ原子力発電所事故
昭和62年(1987年)	キリシタン遺物史料館オープン	国鉄分割民営化／この頃バブル景気が始まる

略年表

年号	茨木市のできごと	周辺地域・全国のできごと
昭和63年（1988年）	斎場完成／太陽の里オープン／忍頂寺スポーツ公園完成／阪急高架化事業新上り線開通／香川県内海町（現小豆島町）と姉妹都市提携／ソウルオリンピック銀メダリスト長谷川智子選手が市民栄誉賞第1号	青函トンネルが開業し青函連絡船廃止／瀬戸大橋開通
平成元年（1989年）	元茨木川緑地整備計画、西河原公園整備事業終わる／消防署西分署（現下井分署）完成／老人福祉センター長寿荘（現西河原多世代交流センター）オープン／市民総合センター（クリエイトセンター）オープン／東青少年運動広場（現東雲運動広場）完成	昭和天皇崩御、平成と改元／消費税が導入され3％税率で実施／天安門事件／ベルリンの壁崩壊／マルタ会談で冷戦終結を宣言
平成2年（1990年）	初の市民さくらまつり開催／生涯学習センター開設／大阪モノレール開業／姉妹都市内海町（現小豆島町）に市民海の家オープン	TBSの秋山豊寛氏が日本人初の宇宙飛行達成／東西ドイツが再統一
平成3年（1991年）	消防署東分署（現水尾分署）完成／健康増進センターオープン／忍頂寺スポーツ公園内に宿泊施設「竜王山荘」オープン	雲仙・普賢岳で大火砕流
平成4年（1992年）	中央図書館と富士正晴記念館オープン	バルセロナオリンピックで岩崎恭子選手が金メダルの日本選手最年少記録達成
平成5年（1993年）	西河原市民プールオープン／シルバーワークプラザ（シルバー人材センター）完成／老人訪問看護ステーション開設	皇太子徳仁親王ご成婚
平成6年（1994年）	水尾公園オープン／障害者デイサービスセンターしみずオープン／若園公園バラ園オープン／老人福祉センター葦原荘（現葦原多世代交流センター）、葦原老人デイサービスセンター、葦原コミュニティセンターオープン／福井市民体育館オープン／第3次総合計画を策定	アジア初の女性宇宙飛行士として向井千秋宇宙飛行士がスペースシャトル搭乗／関西国際空港が開港
平成7年（1995年）	阪神・淡路大震災／人権擁護都市宣言／水尾図書館オープン／初の飲料水兼消防用耐震性貯水槽完成	地下鉄サリン事件
平成8年（1996年）	障害福祉センターハートフル完成	
平成9年（1997年）	文化財保護条例を施行／土石流監視システム稼働／沢池老人デイサービスセンターオープン／老人福祉センター沢池荘（現沢池多世代交流センター）オープン／市庁舎南館完成／JR茨木駅東口駅前広場完成	消費税が5％になる／長野新幹線開業／クローン羊「ドリー」の成功が発表される
平成10年（1998年）市制施行50周年	銭原ふれあい農園開園／阪神・淡路大震災を教訓に新地域防災計画を策定／庄栄図書館開設／西河原老人デイサービスセンターオープン／耳原公園オープン／目垣遺跡から弥生時代中期前半の人面付土器が出土／消防署下穂積分署完成／生涯学習都市宣言／人権尊重のまちづくり条例施行	20世紀最後の冬季オリンピック・長野オリンピック開催／明石海峡大橋開通／横綱若乃花誕生で史上初の兄弟横綱
平成11年（1999年）	東奈良遺跡で最古級の小銅鐸出土／子育て支援センタースタート	瀬戸内しまなみ海道開通／西暦2000年問題
平成12年（2000年）	男女共生センターローズWAMオープン／市内初のプールつき体育館が西中学校に完成	二千円札発行／三宅島噴火で島民避難／BSデジタル放送開始
平成13年（2001年）	いばらき・ファミリー・サポートセンタースタート／郡山宿本陣が一般公開スタート／特例市となる／穂積図書館オープン／「ばらサミット」開催／JR宇野辺ガード開通	9.11アメリカ同時多発テロ
平成14年（2002年）	男女共同参画計画を策定／高齢者市民証発行／見山の郷オープン	日朝首脳会談／北朝鮮拉致被害者が帰国
平成15年（2003年）	東市民体育館オープン	地上波デジタル放送開始

年号	茨木市のできごと	周辺地域・全国のできごと
平成16年(2004年)	老人福祉センター南茨木荘（現南茨木多世代交流センター）、南茨木老人デイサービスセンターオープン／彩都西小学校開校／彩都（国際文化公園都市）まちびらき記念式典開催／茨木商工会議所、追手門学院と産・官・学連携基本協定書に調印／生涯学習センターきらめきオープン／第4次総合計画を策定	新潟県中越地震／新紙幣発行（1万、5千、千円）
平成17年(2005年)	桑原運動広場オープン／子育て支援総合センターオープン	京都議定書発効／「愛・地球博」開催／探査機「はやぶさ」が小惑星イトカワへ着陸
平成18年(2006年)	市民活動センターオープン／里山センターオープン／茨木商工会議所、梅花女子大学・梅花女子大学短期学部と産・官・学連携基本協定書に調印	トリノ冬季オリンピックで荒川静香選手が金メダル
平成19年(2007年)	消防本部でISO14001の認証を取得／大阪大学と連携協力に関する包括協定に調印／市役所本庁でISO14001の認証取得	郵政民営化
平成20年(2008年)	彩都西中学校開校／茨木っ子プラン22（学力向上3カ年計画）を実施／市制施行60周年／北京オリンピック金メダリスト石井 慧選手が市民栄誉賞	アメリカでリーマン・ショック、世界金融危機発生
平成21年(2009年)	太陽の里「穂積」を「ともしび園」に統合	民主党へ政権交代
平成22年(2010年)	南市民体育館オープン／ローズWAM施設予約システムが稼働／子育てすこやかセンターオープン	バンクーバー冬季オリンピックで浅田真央選手が銀メダル／東北新幹線全線開通
平成23年(2011年)	プレミアム商品券販売／女性化学賞の相馬芳枝氏が市民栄誉賞	東日本大震災／福島第一原子力発電所事故／九州新幹線全線開通／アナログ放送完全終了
平成24年(2012年)	景観条例施行／茨木商工会議所、立命館大学と産・官・学連携協定締結／バス歌手の岸本力氏、プロゴルファー故杉原輝雄選手が市民栄誉賞／大分県竹田市と「歴史文化交流パートナーシップ宣言」	東京スカイツリー開業
平成25年(2013年)	プロゴルファー井戸木鴻樹選手が市民栄誉賞／大分県竹田市と歴史文化姉妹都市提携	富士山が世界遺産に登録される／東海道新幹線N700Aデビュー
平成26年(2014年)		消費税が8％になる
平成27年(2015年)	JR茨木駅東口駅前広場の整備完了／第5次総合計画を策定／立命館いばらきフューチャープラザ、オープン／岩倉公園オープン／桑原ふれあい運動広場オープン／老人福祉センター桑田荘を高齢者活動支援センター「シニアプラザいばらき」にリニューアル／市内5か所に多世代交流センター開館	北陸新幹線開業／大阪都構想が住民投票で否決／米国とキューバが国交回復
平成28年(2016年)	新修茨木市史全10巻刊行完結／キラリいばらき大賞を創設／リオ五輪銅メダリスト吉田胡桃選手、中牧佳南選手、同パラリンピックの芦田創選手、和田伸也選手、U18アジア選手権出場の寺島成輝選手がキラリいばらき大賞／リオ五輪レスリング銀・樋口黎選手が市民栄誉賞	マイナンバー制度がスタート／北海道新幹線開業／熊本地震／築地市場の豊洲への移転問題

監修・執筆者（敬称略・順不同）

監修＝谷川 進（茨木市文化財愛護会会長）

取材：魚守 淳（jellyfish）
編集、営業：山田恭幹
装幀、DTP：伊藤道子

写真取材を終えて

　茨木を歩いてみてまず感じたことは「茨木は広いな」ということでした。他所に住む筆者にとって茨木は、阪急茨木市駅からJR茨木駅のあいだと、阪急南茨木駅周辺しか、歩いたことのない街でした。大阪モノレール沢良宜駅や宇野辺駅、阪急総持寺駅は、通過したことはありましたが。

　ところが、それ以外の地域が広い。とくに北が広い。そして、中心市街北側は、運転免許がない身には、もっぱらバスが移動手段になる。茨木北部は、車社会でした。

　もうひとつ感じたのは、古い建物が多いということです。茨木は大きな戦災に遭わず、戦後も、戦前からの建物が残っていた。街路が大きく変わったのは大阪万博のあった昭和45年頃のことですが、それがそのまま既にある町の大変貌にはつながらなかった。また、中心市街を離れると、かつての集落に古い建物がまだまだ残っている。

　そういう、茨木の広さと古さを知らないまま取材を始めた筆者を導いてくださったのは、市のまち魅力発信課の方々であり、口絵の写真撮影を指揮してくださった鳥居史郎先生であり、ご監修いただいた谷川進先生でした。また、それ以上に、写真や情報をご提供くださった、市民や施設の方々でした。

　ご協力いただいたすべての方々に、厚く御礼を申し述べたいと思います。どうもありがとうございました。（編集部）

（追記）本書の文字校正中に大阪府北部地震があり、写真ご提供の方々には、地震被害のある中、写真説明のチェックのご返送をいただきました。その直後には、西日本豪雨もありました。お見舞いを申し上げますとともに、追って深く深く感謝いたします。（編集部）

協力者および資料提供者 (敬称略・順不同)

大谷　博	大阪モノレール	茨木市立幼稚園・小中学校	茨木市
小川　知三	株式会社東芝	認定こども園茨木幼稚園	茨木市教育委員会
加藤　穣慈 (カトウ矯正歯科医院)	日東電工株式会社	茨木小学校	茨木市立文化財資料館
田村　文男	パナソニック株式会社	春日小学校	梶　洸
虎谷　健司 (虎谷誠々堂書店)		三島小学校	梶本　恭孝
中井　晃	阿為神社	玉櫛小学校	松田　敏雄
中井　貢	茨木神社	安威小学校	
中野　彰人	真宗大谷派茨木別院	玉島小学校	
堀　博明 (堀廣旭堂)	西国二十二番 総持寺	福井小学校	
松田　博一	辯天宗飛龍山冥應寺	清溪小学校	
三ツ柳明紀	日本キリスト教団茨木教会	忍頂寺小学校	
森脇　元宏		豊川小学校	
山口　裕美子 (山口紅葉堂本店)	常磐会短期大学付属茨木高美幼稚園	養精中学校	
	追手門学院大学学院志研究室	西中学校	
谷川　進	関西大倉学園・関西大倉同窓会	東中学校	
鳥居　史郎	学校法人浪商学園	豊川中学校	
中濱　正善			
松本　富夫	文化庁		
濱口　昇	大阪府立茨木高等学校・久敬会		
	大阪府立春日丘高等学校・藤蔭会		
	箕面市		

おもな参考文献 (順不同)

『新修茨木市史 第三巻 通史Ⅲ』 茨木市史編さん委員会編（茨木市・2016年）

「茨木市のあゆみ」http://www.city.ibaraki.osaka.jp/ibarakizanmai/shisei/29730.html （茨木市・2018年）

『わがまち茨木 水利編』 茨木市教育委員会（茨木市・1991年）

『広報いばらき』 茨木市広報広聴課（茨木市・1961年～1983年）

『市勢要覧』 茨木市広報広聴課／まち魅力発信課（茨木市・2012年／2017年）

『目で見る茨木・高槻の100年』 宇津木秀甫総合監修（郷土出版社・1995年）

『茨木・高槻今昔写真帖』 西田善一監修（郷土出版社・2005年）

※他に、校史、記念誌、社史や、関連するウェブサイトの情報などを適宜参照した。

茨木市の七〇年

2018年8月21日　初版発行

発 行 所　樹林舎
　　　　　〒468-0052　名古屋市天白区井口1-1504-102
　　　　　TEL: 052-801-3144 FAX: 052-801-3148
　　　　　http://www.jurinsha.com/

発 売 元　大阪教科書株式会社

印刷製本　株式会社 太洋社

©Jurinsha 2018, Printed in Japan
ISBN978-4-908436-29-1 C0021
＊定価はカバーに表示してあります。
＊乱丁・落丁本はお取り替えいたします。
＊禁無断転載　本書の掲載記事及び写真の無断転載、複写を固く禁じます。